职业教育培训的方法与模式研究

黄 锋 李国军 著

北方妇女儿童出版社
·长春·

图书在版编目（CIP）数据

职业教育培训的方法与模式研究 / 黄锋，李国军著
. -- 长春 : 北方妇女儿童出版社，2022.1
ISBN 978-7-5585-6330-0

Ⅰ. ①职… Ⅱ. ①黄… ②李… Ⅲ. ①职业教育－教育模式－研究－中国 Ⅳ. ①G719.2

中国版本图书馆CIP数据核字（2021）第277254号

职业教育培训的方法与模式研究

ZHIYE JIAOYU PEIXUN DE FANGFA YU MOSHI YANJIU

出 版 人　师晓晖
责任编辑　于德北
装帧设计　王一然
封面绘画　秦　风
开　　本　787mm×1092mm　1/16
印　　张　12
字　　数　220千字
版　　次　2022年1月第1版
印　　次　2022年1月第1次印刷
印　　刷　北京宝莲鸿图科技有限公司
出　　版　北方妇女儿童出版社
发　　行　北方妇女儿童出版社
地　　址　长春市福祉大路5788号
电　　话　总编办：0431-81629600

定　　价　56.00元

前言

随着改革开放再出发，职业教育和培训事业也必须改革创新，培养出对接技术发展趋势和市场需求的高素质劳动者和技术技能人才，而其中课程的改革与创新是重中之重。文章提出职业教育和培训课程的改革与创新必须坚持国家统一开发和区域自主开发相结合的原则，分别从技术技能人才的国家战略要求、职业生涯发展的时代发展要求、行业职业岗位的技术技能特征要求以及区域经济技术发展的实际需求四个维度创新设计课程，形成国家标准与区域标准相统一、通用基础课程与技能专业课相协调、必修课与选修课相结合、校内课程与校外课程相渗透的课程体系。

加强培训工作的基地条件建设。充分利用学院现有的师资、设备、设施等资源，开展社会培训服务。学院将加强社会培训基础条件建设，整合培训资源，对学院所有培训设施统一调配，统一使用，做到资源共享，充分利用现有的教室、实训基地等教学资源，确保各项培训顺利开展。

加强培训师资队伍建设。采取措施，将有开展社会培训工作能力和经验的人员充实到培训工作岗位，同时，根据工作需要，不断加强培训师资队伍的业务和技能培训，以适应培训工作的不同需要。

建立奖励激励机制。培训的收入实行学院与各系按比例分成，逐步实现培训收入与各系的包干经费挂钩。学院每年下达各系的培训指标，年终进行考核评比，对有突出贡献的培训部门、系和工作人员，进行重点奖励。

社会培训工作是涉及学院建设发展全局的一项全院性工作，是教学工作的一个重要组成部分。各部门、各单位特别是各系一把手要亲自抓，靠上抓，一抓到底，抓出成效。相关职能部门要各司其职，各负其责，做好培训工作相应的管理和服务工作，为真正实现社会培训工作的大发展、大跨越提供必要的支持。

目录

第一章 职业教育的理论研究

第一节 职业教育学与职业教育

一、职业教育学概述

（一）职业教育学的概念和范畴

每一门学科都有其特定的研究对象。职业教育学作为教育科学的一个分支学科，同其他学科一样，具有自己特定的研究对象。职业教育学的研究对象就是：研究职业教育领域的现象，揭示与把握职业教育发生、发展的规律，探求职业教育内部及其与经济、社会之间诸多方面的联系。

由职业教育学的界定和有关职业教育学的研究对象与学科任务的规定中，可以将职业教育学的研究对象归纳为：

1. 职业教育领域内部各因素之间的关系

职业教育领域内部各因素之间的关系，主要是指职业教育内部因素的构成及其相互之间的制约关系。其内容包括：职业教育自身各因素的合理配置，职业教育的体系结构及其运行机制，职业教育内部的机构设置、管理体制、教师队伍建设、教育与教学、设施、设备及管理等。

2. 职业教育领域的外部关系

职业教育领域的外部关系，主要是指职业教育与经济和社会发展、科技进步之间的关系。马克思主义认为，一定的社会教育总是为一定社会的经济和政治所决定并为其服务的。在我国现行的社会主义市场经济体制下，需要研究的职业教育的外部关系包括：职业教育的体制与市场经济体制、科技体制的要求如何相适应，职业教育体制外部管理体制、办学体制、投资体制等的特点及其运行规律，职业教育的服务方向，职业教育部门与计划、财政、经济、科技、劳动人事等部门的内在联系等。

3. 职业教育的对象

职业教育的根本任务是为各行各业造就有文化、懂技术、业务熟练的劳动者，使人的个性得到充分发展。职业教育学是为职业教育实践活动提供理论指导的一门科学，因而，它必须把职业教育的对象作为自己的研究对象。其内容包括：职业教育与人的身心发展的关系，教育对象的身心发展规律及其学习特点，职业教育的育人环境和条件要求，教育对象的科学教育和管理方法等。

职业教育学的学科范畴大致包括这样一些内容：阐述职业教育在现代化建设中的地位和作用；确定职业教育的概念、含义和基础理论；追溯职业教育的历史沿革；研究职业教育的体系、结构；回答职业教育与劳动人事制度的同步改革；讲述职业教育的预测、规划和布局；探索职业教育的理论教学、实习教学的规律；研究职业道德教育；探讨职业教育的办学条件、师资队伍建设和管理体制等。职业教育学是职业教育实践的产物和总结，反过来又给职业教育的实践加以指导。职业教育学之所以有上述丰富的内容，正是现实职业教育丰富实践的反映。

为了进一步理解职业教育学这门科学，我们必须明确以下两种关系：

（1）职业教育学与其他各类教育学的关系。各类教育学是指学前教育学、普通教育学、高等教育学、特殊教育学等。它们与职业教育学一样，都是为各类教育事业的实践提供理论指导。它们的差异主要是由它们各自所研究的对象不同而产生的，从而形成了各自的理论体系和特色。职业教育学与各类教育学共同组成了整个教育学的复杂体系。

（2）职业教育学与整个教育学体系的关系。职业教育学与整个教育学体系的关系是个体与总体、局部与整体的关系。一方面，职业教育学是整个教育学的一部分，是教育学体系不可或缺的组成因素，它的存在补充、完善了整个教育学的内容，它的发展促进了整个教育学的发展。另一方面，整体的教育学奠定了职业教育学的理论基础，它为职业教育学提供了基本的理论依据。从某种意义上说，整个教育学体系与职业教育学的关系如同母子的关系一样，前者孕育了后者，如果没有前者，则必然没有后者；后者则承续了前者，有了后者，前者才得以发展。

（二）职业教育学的学科任务

职业教育学是一门学科，学科的功能和作用在于揭示规律以指导实践。职业教育学这门学科的本体任务就是揭示职业教育的规律，指导职业教育的实践，促进职业教育的蓬勃发展。在理解职业教育学的学科任务时，我们应从下面两个方面入手：

1. 从理论的角度上讲，职业教育学是研究职业教育发展规律的

职业教育的发展规律是指职业教育内部诸因素之间、职业教育与其他事物之间内在的、必然的、本质的联系。把握职业教育规律还必须将其与掌握职业教育的方

针政策区别开来。规律是不依人们的意志为转移的客观过程的反映。对于规律，人们只能发现它、认识它、掌握它、利用它，而不能改变它、消灭它，更不能人为地制造它。职业教育的各种方针政策是人们为发展职业教育事业，在教育理论的指导下，根据我国的实际情况而制定的，是人们主观意志的体现。虽然它也反映了职业教育的发展规律，但却不能等同于规律。正如斯大林曾经指出的那样："一种是科学规律，它反映自然界或人类社会中不以人们意志为转移的客观过程；另一是政府颁布的法令，它是依靠人们的意志创造出来的并且只有法律上的效力，但这两种东西无论如何也不能混为一谈。"

2. 从实践的角度上来讲，职业教育学是指导职业教育实践，促进职业教育事业发展的

职业教育同现代化生产和社会生活有着十分密切的联系，所以，职业教育学除注重本学科理论的思想性、系统性、科学性外，还要十分注重其应用性。一方面，它不仅要对广大职业教育工作者的理论课教学、思想品德教育和学校管理等实践活动提供理论指导，而且还要对生产实习等实践性教学提供理论指导，以提高实践性教学质量；另一方面，职业教育学还要为国家和教育行政机关进行职业教育决策提供科学的理论依据，从而保证职业教育事业沿着正确的方向发展，促进职业教育的改革和发展。在现实条件下，就是要科学地分析和解决职业教育发展中的新情况、新问题，以建立具有中国特色的社会主义职业教育体制。

职业教育学的研究对象和学科任务的上述规定性，使它与教育学区分开来，也使它区别于其他的教育学分支学科，如学前教育学、高等教育学、成人教育学以及教育哲学、教育社会学、教育经济学等。教育学的一系列分支学科同职业教育学一样，都是研究教育领域的某一特定现象，它们各得其所，各司其职，共同构成教育学这一庞大的学科体系。

（三）职业教育学的学习方法

所谓学习方法，是指学习者掌握知识、技能的有效方法。正确的学习方法可以养成良好的学习态度和学习习惯，不断提高学习效率。职业教育学的学习方法，是指学习者掌握职业教育知识、技能的有效方法。重视学习方法是我国古代教育的优良传统。《学记》中就曾指出"善学"的重要性；宋代著名教育家朱熹也曾总结出六条读书的方法：循序渐进、熟读精思、虚心涵泳、切己体察、着紧用力、居敬持志。古语说得好："磨刀不误砍柴工。"学习某门学科之前，预先学习一些关于该学科的学习方法，这可以使学习者在该学科的学习上取得事半功倍的效果。认识到学习方法的重要意

义，在学习职业教育学时，应注意以下几点：

1. 学习职业教育学的科学理论，应坚持以马克思主义为指导

马克思主义是人类历史上最进步、最革命、最科学的理论思想体系，它不仅为教育科学的研究提供了科学的方法论，而且还对教育上的一些根本问题做出了科学合理的解释说明。只有坚持以马克思主义为指导，才能正确地分析、说明职业教育的现象，揭示职业教育发展的客观规律。

2. 学习职业教育学，必须坚持理论联系实际

职业教育学理论是实践经验的科学概括和理论抽象，是对职业教育客观规律的认识成果。因此，在学习中应把主要精力用于认真钻研理论上，重点放在深入领会基本知识和基础理论，以便掌握它的理论体系和丰富的科学知识。与此同时，由于职业教育具有突出的实践性，因此在学习时还要紧密联系实际，关注经济建设领域内部的实践情况，注重观察现实世界中有价值的案例，并结合理论对其做出科学分析，从而加深对理论知识的理解，做到理论与实际相结合、相统一。

3. 学习职业教育学，应学习一些相关学科

随着世界科技的飞速发展，知识之间的相互交叉日益明显，表现在学科领域就是各门学科的相互渗透与影响。此外，世界上的任何事物都不是孤立存在的，而是处于广泛的联系之中，职业教育学也与其他的科学有着千丝万缕的联系，与各学科相互影响和渗透。要想深入领会和掌握职业教育学的基本知识和基础理论，就必须努力学习和掌握与其相关的学科的知识，如哲学、心理学、生理学、信息论、系统论、管理学、伦理学等。

4. 学习职业教育学，还应做到“学”“思”结合

我国古代著名教育家、思想家孔子曾说过：“学而不思则罔，思而不学则殆。”他精练地说明了在学习中学与思的辩证统一关系。学习职业教育学，一方面要认真读书，努力汲取前人的科学成就，吸收国内外的优秀研究成果，使自己如同牛顿一样能站在“巨人的肩膀”上前进。另一方面，还要充分发挥学习者自身的主观能动性，独立思考，运用思维这个工具去组织自己的认识活动。“尽信书不如无书”，在学习的过程中，学习者要汲取精华，摒弃糟粕，完善自身的职业教育知识体系。我国社会主义职业教育理论的完善与发展，需要一大批刻苦学习、勤于思考、勇于创新的跨世纪新型人才为之不懈奋斗。每个职业教育的学习者都应立志于此。

二、职业教育概述

（一）职业教育的概念和范畴

职业教育是国家教育事业的重要组成部分，是我国教育体系中的四类教育之一，是促进经济、社会发展和劳动就业的重要途径。要想对职业教育的概念有一个明确的理解，必须先简单掌握教育和职业的概念和基本情况。

1. 职业

《教育大辞典》中对职业作了如下解释：职业是指个人在社会中所从事的并以其为主要生活来源的工作的种类。它的出现可以追溯到远古时代。原始社会末期，农业与手工业、畜牧业的分离以及后来奴隶社会初期体脑劳动的离异，导致了最早的职业的产生。职业一词，最早见于《国语·鲁语》："昔武王克商，通道于九夷、百蛮，使各以其方贿来贡，使无忘职业。"这里的"职"指执掌之事；"业"是古代记事的方法，把要做的事在木棒上刻成锯齿状，有多少件事刻多少齿，做完一件事就销去一个齿，叫作"修业"。所以"业"的含义是事。"职业"即分内应做之事。其实，古代的"职"和"业"各有其指：职，指官事；业，指农牧工商。古代人所说的"官有职，民有业"，就是指二者的不同。历史在前进，社会在发展，到了近代社会，职业一词方被联合在一起使用，并且随着科技的进步、社会分工的精细化和复杂化，职业的分类亦随之丰富起来。

2. 教育

教育是人类所特有的、复杂的社会现象，它与人类社会相伴而生，并将与之永恒地发展下去。"教"和"育"在古时各有其意，"教"是指小孩效仿大人的演示而进行学习；"育"是指妇女养育孩子。最早将教育一起使用的是孟子，他说："得天下英才而教育之，三乐也。"对于教育的解释很多，如荀子说："以善先人者谓之教。"东汉许慎在其著作《说文解字》中说："教，上所施，下所效也""育，养子使作善也"。后来随着社会的发展以及教育本身的不断演进，人们对于教育的认识不断深化，现在关于教育概念的解释也日益科学化。现代教育的概念有广义和狭义之分，广义的教育是指一切能够增进人们的知识、技能、身体健康以及形成和改变人们思想意识的过程；狭义的教育又称学校教育，指的是教育者按照一定的社会要求，向受教育者的身心施加有目的、有计划、有组织的影响，以使受教育者的身心发生预期变化的活动。概念是事物本质的文字叙述，它反映了教育界对于教育本质的认识。目前，关于教育本质的观点主要有四种：第一，教育属于社会的上层建筑，是政治斗争的工具，具有阶级性；第二，教育属于生产力，在生产中发挥智力作用；第三，教育部分属于生产力，部分属于上层建筑；第四，教育是一种特殊的社会活动，它既不属于生产力，又不属于上层建筑。这些观点虽然暂无统一的定论，但有一点却是毫无疑问的，那就是：教育是一种培养人的社会活动。这是教育区别于其他事物现象的根本特征，同时也是教育的质的规定性。

3. 职业教育

在教育史上，关于职业教育的解释很多。杜威认为，职业教育就是为从事职业工作做准备的教育；斯内登认为，凡为生活做准备的教育都可称为职业教育；梅斯在《职业教育的原理和实践》中指出，职业教育是为学生将来从事某种特定职业做准备的教育；《国际教育辞典》指出："职业教育是指在学校内或学校外为提高职业熟练程度而进行的全部活动，它包括学徒培训、校内指导、课程培训、现场培训和全员再培训。当今则包括职业定向、特殊技能培训和就业安置等内容。"

在职业教育发展到 21 世纪的今天，职业教育被界定为：职业教育就是在一定普通教育的基础上，对社会各种职业、各种岗位所需要的就业者和从业者所进行的职业知识、技能和态度的职前教育和职后培训，使其成为具有高尚的职业道德、严明的职业纪律、宽广的职业知识和熟练的职业技能的劳动者，从而适应就业的个人要求和客观的岗位需要，推动生产力的发展。从职业教育的实践角度来看，可以从广义和狭义两个方面来理解：从广义上说，它泛指一切增进人们的职业知识和技能，培养人们的职业态度，使人们能顺利从事某种职业的教育活动；从狭义上说，它就是指学校职业教育，即通过学校对学生进行的一种有目的、有计划、有组织的教育活动，使学生获得一定的职业知识、技能和态度，以便为学生将来从事某种职业做准备。

职业教育的实践不断促进职业教育领域的扩展。我国的职业教育包括职业学校教育和职业培训。职业学校教育有：从纵向看，它包括初、中、高三个层次。其中，初等职业教育有职业初中、初中后的 3+1 等；中等职业教育有中专、技校、职业高中及成人中专；高等职业教育有职业大学、职业技术学院、高等技术专科学校、成人高校、高级技工学校以及普通高等学校中设置的二级学院——职业技术学院。从横向看，它包括农业职业教育、工业职业教育、商业职业教育、金融财贸职业教育、政法职业教育、服务职业教育，以及卫生、艺术、体育等方面的职业教育。职业培训包括就业培训、转业培训、提高培训等。

（二）职业教育的特点

辩证唯物主义告诉我们，特点是事物本质特征的外在表现，是一事物区别于其他事物的显著的征象和标志。职业教育的特点是由职业教育的性质决定的是其区别于其他教育之所在。

1. 职业教育的特点

职业教育的特点主要是指职业教育自身体系的内在特征，是其区别于普通教育及其他各类教育的根本点，主要包括职业性、社会性、实践性三大特征。

（1）职业性特点。职业教育与普通教育的区别就在于“职业”两字，职业教育的职业性体现在它的培养目标上。职业教育无论是就业前的准备教育还是就业后的在职教育，培养目标都十分明确，就是培养能够掌握从事某种社会职业必备的科学文化知识、专业理论知识和技能的应用型人才。对于就业前的准备教育而言，学生入学后便确定了职业方向，实行定向培养，毕业后对口就业，使学校中的所学与未来的职业直接挂钩，目的明确，职业针对性强，易于调动学生的学习积极性和主动性。对于在职教育而言，教育目标主要有两点：一是在原有知识、技能的基础上进修提高，以适应知识、技术更新的需要；二是学习新兴的专业知识和技能，以适应改变职业、转换职业的需要。

需要指出的是，就业虽然在很大程度上体现着职业教育的职业性，并且职业教育的学生多以就业作为自己学习的直接目的，但是这并不是职业教育的主要目的，职业教育的主要目的是为了发展生产，提高生产力水平。

（2）社会性特点。职业教育的社会性是指把职业教育置身于经济社会的大背景之下，使学校与社会建立起广泛的联系，从而更加有效地为经济发展和社会进步服务。这种社会性体现在两个方面：①办学的社会性。《中国教育改革和发展纲要》中提出：“职业教育是现代教育的重要组成部分，是工业化和生产化、社会化、现代化的重要支柱。各级政府一定要高度重视，统筹规划，贯彻积极发展的方针，充分调动各部门、企事业单位和社会各界的积极性，形成全社会兴办多形式、多层次职业教育的局面。”还要求“职业教育和成人教育主要依靠行业、企业、事业单位办学和社会各方面联合办学”。这些要求为采用各种形式发展职业教育指出了努力的方向。现阶段，我国已经实现了多元办学形式，包括国家办学、行业办学、企事业单位办学、社会团体办学、农村集体办学、外资办学和私人办学等。②职业教育办学必须与社会发展相适应。职业教育应在充分调查社会发展需要的基础上探索自己的发展道路。这种适应包括：一是职业教育的发展速度和规模，学校的布局和专业设置，培养人才的数量和质量都要适应社会建设的需要；二是在培养目标上，要适应多方面、多层次、多规格人才的需求，既要培养千百万高级技术管理、技术实施、技术实现人才，又要培养数以亿计受过良好职业教育的初中级技术管理人员、技术工人及城乡劳动者；三是教学上必须适应知识更新日益缩短的客观形势，不断更新教学内容，用最新的知识武装学生，使他们赶上时代的步伐。

（3）实践性特点。职业教育的实践性是指职业教育应从应用和实际的角度出发进行，要注重实践能力的培养。职业教育的这一特点表现在两个方面：①职业教育的教学过程具有实践性特点。职业教育的教学侧重于理论与实践的紧密结合。在教学方法上，它比普通教育更强调教育与生产劳动相结合，强调"手脑并用""学做合一"；在课程设置上，其教学实习课程所占的比例也远远高于普通教育，并且理论与实习并行，知识与技能并重。②职业教育培养的人才类型具有实践性的特点。职业教育所培养的是第一线的技术工人、技术农民、生产现场的技术员和其他城乡劳动者等，他们都是生产第一线的祖国建设者。这些培养对象的一个共同特征，就是他们应具有相对完整的实践能力和相对不完整的理论知识。这就决定了他们所受的教育也必然带有突出的实践性特点，只有这样才能使学生获得职业技能，取得职业资格，胜任未来的职业。

2. 当前我国职业教育发展的特点

随着职业教育事业的不断发展，进入到21世纪的我国职业教育出现了与以往不同的三大特点，这标志着我国的职业教育事业跨上了新台阶，步入了新阶段。

（1）法制化。法制化主要是指我国职业教育的法制建设有了重大突破，初步形成了以《职业教育法》为核心、地方配套法规为支撑的职业教育法律法规体系。

1996年5月15日，中华人民共和国第八届全国人民代表大会常务委员会第十九次会议审议通过了《中华人民共和国职业教育法》，该项法规对于职业教育建设的一系列重大问题，诸如职业教育的地位和作用、职业教育的体系、职业教育的领导和管理体制、职业教育的经费、职业教育的办学形式、社会力量办学、劳动就业等都作出了明确的规定。该法规出台后，各级地方人大也相继制定出适合于本地区实际的一系列地方性的职业教育法规。职业教育法律法规体系的形成，为职业教育的改革和发展提供了更加完备的法律保障，标志着发展职业教育已经成为我国政府的职能所在，已经上升为国家和人民的意志，职业教育走上了法制化、制度化的发展道路。

（2）体系化。体系化主要指我国职业教育事业建设形成的基本完善的层级和类型结构，开始了体系化发展的历程。现阶段，我国职业教育体系结构大致如下：①从纵向看，职业教育已形成初、中、高三种级别。其中，初等职业教育形式有：农业中学、各级劳动部门的就业培训中心、工矿企业特殊工种的徒工培训等；中等职业教育的形式有：中等专业学校、技工学校、职业高中、职业中专、职工中专、广播电视学校等；高等职业学校形式有：职业技术学院、职业大学、职工大学、电视大学、普通高校的职业技术学院等。②从横向看，职业教育有农业职业教育、工业职业教育、商业职业教育、医疗卫生职业教育、服务业职业教育等。③从总体类型上看，职业教育包括职前的后备职业人才教育和训练、在职职工的进修提高教育和培训，转业教育和培训、下岗再就业培训。④从职业教育的支撑服务体系上看，我国职业教育的配套体系也相继建立起来，主要有人才需求预测体系、师资培训体系、职业教育科研体系等。

第二节　职业教育体系的理论基础与发展趋势

一、职业教育体系的理论基础

（一）职业教育体系的概念

体系是指若干互相关联的客观事物或作为客观事物反映的观念，在其发展过程中，逐步形成一个有序的整体。教育体系是指互相联系的各种教育机构的整体或教育大系统中的各种教育要素的有序组合。教育体系有广义和狭义之分。广义的教育体系包括教育结构体系、教育管理体系、教育科研体系和经费筹措体系等；狭义的教育体系仅指各类教育构成的学制或称教育结构体系。

教育结构体系是构成学校教育总体系各部分之间的比例关系及其结合方式。职业技术教育结构体系本身是个复杂的系统，其中主要包括：①层次结构。层次结构指各级学校之间的比例构成。如初等、中等、高等职业技术教育之间的比例关系及它们的相互衔接。②类型结构。类型结构指各级学校内部不同类别的比例构成。如中等职业技术教育中的中专、技校和职业中学之间的关系。③专业结构。专业结构指专业设置类别之间的比例关系。④布局结构。布局结构指各级各类学校的地区分布及其相互关系。⑤办学结构。办学结构指国家办学、集体办学和社会力量办学之间的比例关系。构建科学、合理的职业技术教育结构体系，是职业技术教育发展与改革的主要任务。

（二）构建职业教育体系的依据

职业教育体系的形成是以一定的社会条件为依据的。职业教育既是国民经济的组成部分，又是教育组成部分。因此，构建职业教育体系，必须以社会经济和教育条件的现实及其未来发展的要求为主要依据。

1. 社会主义现代化对人才的需求是确立职业教育体系的首要依据

职业教育与经济发展有着内在的联系。职业教育既是工业化大生产的产物，又是进一步发展社会化大生产的条件。现代化经济发展越来越受到科学技术和劳动力素质的制约，而科学技术现代化，劳动力素质提高，必须依赖于职业教育。当前，我国正处于社会主义初级阶段，发展社会生产力的任务十分迫切，发展职业教育是促进经济发展的一个重要突破口。

我国农村正在从自然原始的农业经济向现代农业经济转变，从手工劳动向机械化、现代化方向发展。调整农村的产业结构，引导农民脱贫致富都需要职业教育开路。因此，大力发展职业教育是向农村普及科学技术，输送各种人才，提高劳动者素质，振兴农村经济的基本途径。

我国城市工业正面临着新技术革命的挑战，面临着粗放型工业向集约型工业的转变，面临着提高经济效益的挑战；企业技术改造，提高企业经济效益，也要有一支具备现代化技术的中、高级技术工人。因此，城市经济的改造和发展也在呼唤职业教育。

当前，我国社会生产力呈现出多层次、多类别、低水平、不平衡的状态。生产力和生产技术的多层次、多类别决定了我国劳动力素质的需求也是多层次、多种类的。正如《中共中央关于教育体制改革的决定》中指出的："社会主义现代化建设不但需要高级科学技术专家，而且迫切需要千百万受过良好职业技术教育的中、初级技术人员、管理人员、技工和其他受过良好职业技术培训的城乡劳动者。没有这样一支劳动技术大军，先进的科学技术和先进的设备就不能成为现实的社会生产力。"各类人才和劳动力的需求状况决定了我国的职业教育必须有高等、中等、初等的层次，并且要有专业门类齐全、行业配套的体系和结构。

2. 国民经济结构是确定职业教育体系的重要依据

国民经济结构指国民经济的各部门，社会再生产的各个方面的有机构成，其中包括所有制结构、产业结构、技术结构、劳动力结构、就业结构等。它们之间的相互联系及其各自内部的比例构成了一定社会的经济结构。在社会领域的多种结构中，经济结构是基础结构，居于支配地位。当一个社会的经济结构形成后，必将对社会总体结构中的其他方面产生直接或间接的影响。教育必须为社会主义经济建设服务，因此，教育结构必须与经济结构相适应。职业教育结构也必然要与经济结构的发展、变化相适应。

（1）职业教育结构体系的确定要与国民经济的所有制结构和劳动就业结构相适应。目前，我国正处于社会主义初级阶段，国民经济所有制结构形成了以公有制为主，全民所有制、集体所有制和“三资”企业、私营企业等多种所有制并存的格局。

由于集体和个体所有制的存在和发展带来了就业结构的变化。近年来，我国集体经济、私营经济和个体经济安置就业人员已占总就业人数的50%左右。集体经济、私营经济和个体所有制经济扩大了就业容量，是吸收劳动力的重要经济成分。劳动就业结构的改变必然要求职业教育体系和结构做出相应的调整。在办学指导思想、办学形式、专业设置和课程内容上，要适合社会主义市场经济——劳动力市场的需求。其基本对策就是发展多种类型的职业教育。培养多方面的敢于竞争、敢于创新，并能为多种所有制服务的创业者。

（2）职业教育结构体系的确定要与产业结构的发展变化相适应。产业结构是按国民经济产业部门分类而形成的社会生产结构，它是国民经济总体结构中的重要内容。就产业结构而言，有一类、二类、三类产业之分，每一类产业又由各自不同门类的生产部门组成。从世界各国经济发展趋势看，一类、二类产业将向三类产业转移，第一产业部门就业人员比例逐年下降，第三产业部门逐年增加。

产业结构的变化是生产力发展的结果。产业结构的变化必然迫使原来的劳动力转换生产部门，从而带来社会职业结构的变化。这就要求社会就业人员必然具备适应职业结构变化的专门知识和技能，即形成一定的职业能力结构。职业结构的复杂性必然要求教育结构要多样化。国民经济各产业部门的劳动对象、劳动手段各有不同，并处于不断变化之中，这必然要求劳动力的规格、数量也各有所异。因此，必须加强对产业结构发展变化趋势的预测，并以此为契机，构建相应的职业技术教育体系和结构。

（3）职业教育结构体系的确定要与国民经济技术结构的发展变化相适应。技术结构指劳动者在生产过程中运用的技术装备及其产品的技术状况所表现出的比例关系。技术水平的层次通常以产品的技术含量为标志。我国尚处于社会主义初级阶段，现有国民经济各部门的技术构成差异性很大，少数大型企业、“三资”企业自动化、半自动化的技术装备较多，多数大、中型企业还处于机械化的装备状态，大量乡镇企业仍然处于半机械化或传统手工业之中。一般来说，产品的技术含量还比较低。但也必须看到，随着社会主义现代化进程的加快，科学技术日益进步，企业的技术改造必将引起生产设备和生产工具的日益更新，以劳动密集型为主的生产活动逐渐被技术密集型的生产活动所代替。

机器设备并不能径自进行产品生产与加工，需要有相应劳动技术的劳动者来操作。社会主义现代化的发展、技术生产装备的进步必然对劳动者素质要求越来越高。高级技术、管理人员和高级技术工人将越来越多，“蓝领工人”将逐步被“白领工人”所替代，非熟练劳动者将逐渐减少。职业教育结构必须以经济结构中不断变化的技术结构为依据进行不断地调整。

3. 职业教育自身发展的要求是确定职业教育体系的必要依据

自十一届三中全会以来，随着改革开放政策的实施，我国的职业技术教育获得了空前的发展，基本上形成了普通教育与职业教育双轨并行的局面。在体系和结构上，逐渐形成了以中等职业教育为主体的，并在已有一定数量的初等职业教育和高等职业教育的基础上，向高等职业教育伸展的格局。出现了学校教育与短期培训并存、职前教育与职后教育共同发展的新局面。这种体系和结构，客观上反映了我国政治、经济、科技变化的需求。

但在我国职业教育发展过程中，就其体系与结构而言，也出现一些较严重的比例失调、学制混乱、政出多门的问题。之所以如此，主要是构成职业教育的有关要素尚未纳入统一的体系。一个依据职业教育特点的，为我国经济建设总目标服务的，与所有制、产业、技术、就业结构变化发展相适应的合理结构尚未形成。从类型结构说，比例失调的突出表现是培养技术工人的学校过少。从有关数据对比中看出，技工培养人数还不及技术和管理干部培养人数的二分之一。从管理体制来说，技工学校由劳动部门综合管理，职业中学、中等专业学校由教育部门综合管理，这就难免政出多门和各自为政。

上述情况的存在，必然导致企事业单位需要的各类技术和管理人员供过于求，而急需的技术工人供不应求，满足不了生产的需要。这些不合理的状态都需要职业教育在自身发展过程中主动调整自身的体系和结构。

（三）构建职业教育体系的原则

1. 教育结构体系要适应社会发展的整体要求

教育结构体系应该适应我国社会先进生产力对教育提出的要求，为培养出促进和发展社会先进生产力的不同类型的建设者而努力。同时教育还应该体现我国先进文化的前进方向。因此教育结构体系对社会发展的适应性是全面的、整体的，我们不应孤立地强调某一个领域的需要，而忽视其他领域的要求。随着 21 世纪科学技术和经济的发展以及人民生活水平的提高，人们对社会主义精神文明的建设和个人精神生活的提高，提出了更高的和多样化的要求，21 世纪的教育结构体系必须积极适应这方面的要求。

教育结构体系改革对社会的适应还表现在不仅要适应社会当前发展的要求，而且更重要的是应该适应社会未来的需要，促进社会的可持续发展和进步。合理的教育结构体系必须具有引导和改造环境的能力。可以通过优化教育体系，培养高素质的劳动者和各类人才，影响社会各行业和企、事业单位的发展政策，引导社会对人才资料的需求；还可以创造新的就业岗位和新的产业；引导和促进经济、科技的发展和社会的进步。

2. 教育结构体系要满足受教育者对终身学习的多样化需求

教育既有促进社会发展的功能，更具有促进人的发展的功能。一个合理的教育结构必须体现广大人民群众的根本利益，有利于多出人才、快出人才、出好人才；有利于满足不同类型、不同岗位的人在其一生发展中对教育的多种需要。各级各类教育虽然有不同的功能和分工，但都担负着为社会主义建设事业培养全面发展人才的任务。不能把提高受教育者的全面素质与对受教育者进行职业准备教育或专业教育这两个方面截然分开。因此，基础教育、职业教育和高等教育都要重视受教育者的全面素质，特别是思想道德品质的提高，注意培养学生的学习能力、实践能力和创新能力。

由于当代科学技术的迅速发展，知识发展和更新的速度大大加快，终身教育显得比以往任何时候都更加重要。教育结构体系的设计和调整，应该从学校教育、在职教育和社会教育的相互连接、相互补充的关系等方面，为贯彻终身学习的原则迈出新的步伐。

（四）教育结构体系的调整要遵循教育自身发展的规律

教育结构体系改革虽然受到经济和社会发展的制约，但也必须遵循教育自身发展的规律。教育发展的规律与教育结构体系改革关系密切，主要表现在以下两个方面：

1. 改革创新与相对稳定的统一

进一步转变观念，解放思想，加大教育改革的力度，积极推进教育结构体系的改革和创新已经成为 21 世纪的重要任务。同时，也要看到，由于受教育者身心发展的阶段、社会对人才需求的层次、师资队伍、办学条件、课程体系和教学内容等诸因素都有相对稳定性，教育周期又通常比经济活动周期长，改革决策上的成功与否往往要在若干年后才能表现出来，其效果会影响到一代或几代人。因此，世界各国对于学历教育结构体系都采取积极和审慎的态度，都经过充分的科学论证，并进行必要的实验验证。

2. 多样化与规范化的统一

多样化与规范化的统一是指：一方面，教育结构体系尤其是普通高等教育和职业技术教育结构应该多样化，这是教育发展的客观规律；另一方面，由于教育结构体系是一个有机联系的整体，为了更好地管理和发展教育，促进不同层次类型学校教育之间的相互衔接沟通，需要对不同层次类型学校教育的内容、层次进行一定的规范；为使相同学历、文凭、证书具有大体相同的价值，也需要对各种教育提出基本的要求。因此，教育结构的多样化并不排斥教育的规范化，通常情况下，越是基础教育、正规学历教育，越需要规范化。国际数据比较显示，科学划分教育的类型是教育结构合理化的重要前提。

二、我国现行的职业教育体系

我国的职业教育体系经过几十年的改革与发展，已成为一个庞大复杂的系统。一个具有中国特色的职前、职后相互衔接，与普通教育体系相互沟通的体系正在形成之中。

（一）职业学校教育

职业学校教育是指各级各类职业学校对受教育者所施行的有目的、有计划、有组织的传授专业知识、培养职业思想和职业道德、发展职业能力的职业教育活动。职业学校教育分为初等、中等、高等职业学校教育。在我国实施高等职业学校教育的有高等专科学校和高等职业技术学院、职业大学及成人高等学校，也可以由普通高等学校实施；实施中等职业学校教育的有中等专业学校、技工学校、职业高中等。中等专业学校培养具有一定专业理论知识和应用技能的技术人员、管理人员和其他专业人员。技工学校培养具有一定专业知识和操作技能的中级技术工人，职业高中培养具有一定文化水平、一定专业知识、专业技能和职业能力的技术人员、管理人员、中级技术工人或其他专业人员。普通中学按照教育行政部门的统筹规划，适当开设职业技术教育课程。初等职业学校主要在农村设立，是相当于初中阶段的职业教育。它适合我国广大农村的条件和需要，是我国职业教育体系的重要组成部分，也是我国职业教育体系的一个特点。

我国职业学校教育体系是以中等职业教育为重点，同时积极发展高等职业教育，逐步建立起一个从初级到高级，行业配套，结构合理，又能与普通教育相互沟通的职业学校教育体系。

1. 初等职业教育

初等职业教育是最低层次的职业教育，主要是培养初级技术工人、农民和从事其他行业的熟练劳动者的职业教育。初等职业教育的招生对象为小学毕业生。学习3～4年的文化知识和专业知识、职业技能。这一形式在农村得到了广泛实施，如农业中学等，对尚未能升入初级中学的小学毕业生提供接受教育的机会。对学生进行初等职业教育的学校统称为初等职业学校。它是为城乡经济发展培养有技术专长的后备劳动者的专门学校。

2. 中等职业教育

中等职业教育是中等层次的职业教育，培养目标为中级技术工人、技术人员和基层管理人员及其他中级专业人员。初中毕业生可进入中等专业学校、技工学校、职业高中等中等职业技术学校学习，修业2～5年不等。

（1）中等专业学校。中等专业学校是一种实行职业训练与普通中等教育相结合的中等职业学校。学习年限以学生来源而定，一般为3～4年。学生在校期间学习某种专业的基本理论知识和实践知识，并养成一定的职业能力和技巧。除全日制普通中等专业学校外，还有职业中等专业学校，电视、广播、函授中等专业学校等形式。

（2）技工学校。技工学校是专门培养技术工人的中等职业学校，是我国职业教育的重要组成部分。技工学校的培养目标为中级技术工人，学习年限一般为3年；个别工种、专业确有需要的，经批准可招收高中毕业生，学制1～2年。学校在重点培养中级技术工人的同时，还承担其他培训任务，如在职培训、就业前培训、转业培训等。技工学校在国家教育行政部门的指导下，由劳动部门综合管理，地方的技工学校由地方劳动部门综合管理，同级教育行政部门给予指导。

（3）职业高中。职业高中又称高级职业中学。它是专门实施职业技术教育的高级中学。职业高中的培养目标是培养德、智、体全面发展，具有相当于高中毕业文化程度，并且有初、中级专业基础知识和实际操作能力的专门人才。学习年限2～3年，学生毕业后既可以成为技术工人，又可以是专业技术人员和管理人员，还可以报考专业对口的高等院校。

（4）职工学校。职工学校是对在职职工进行教育的各级各类成人学校的总称。广义的职工学校除了职工初等和中等学校外，还包括职工中等专业学校和职工大学。我国的职工学校由政府教育部门、企事业单位、企业主管部门、工会组织及其他社会团体举办。办学形式以业余为主，脱产、半脱产与业余相结合。开班与设置课程除职工大学、职工中专、职工高中、职工职业高中列入国家计划，由省、自治区、直辖市政府或国务院主管部委审批外，一般由主办单位根据生产、工作和社会需要自行决定。

3. 高等职业教育

高等职业教育培养应用型高级专业技术人才和管理人才，是职业教育的最高层次。它既是我国高等教育的一部分，又与初等职业学校、中等职业学校一起组成了我国职业教育的完整体系。学历教育一般属专科层次，修业 2～3 年。此外，还有短期的非学历教育。

目前对高等职业学校应包括哪些学校尚未做出统一规定。一般来说，高等职业学校主要应包括职业技术学院、职业大学、职工大学、农民高等学校、高级技工学校、职业技术师范学院等院校。此外，函授学院、广播电视大学、刊授大学、教育学院、管理干部学院、专科学校等也有部分专业实施高等职业教育。

（1）技术专科学校。最早的技术专科学校是在中等专业学校的基础上创办的。1985 年，西安航空工业学校、国家地震局地震学校、上海电机制造学校三所学校在中等专业学校的基础上试办五年制技术专科学校。技术专科学校的培养目标是应用型、技艺型专业人才。招生时以中专名义招收初中毕业生，前两年只具有中专学籍，两年期满，按学习成绩和学生志愿，择优选拔一部分学生升入专科，学习 3 年，经考试合格者，发给专科毕业证书。

（2）职工大学。职工大学亦称“职工业余大学”，属于成人高校，主要实施高等职业技术教育。职工大学以培养高等专科毕业水平的人才为主要目标。其具体包括对在职而又达不到岗位要求的高等文化程度和专业水平的人员，进行相应的文化和专业教育；对中等以上层次的在岗人员，进行相应的岗位培训；对具有大学专科以上学历或中级以上技术职务的在职专业技术人员、管理人员，进行继续教育。采取自愿报名、组织批准、严格考试、择优录取的招生办法，招收具有高中毕业程度和两年以上工龄的正式职工。脱产学习，学制一般为 3 年；半脱产或业余学习，则学制为 4～5 年，学完规定课程，经考试合格的学员，学校发给毕业证书，国家承认学历。

（3）高级技工学校。高级技工学校是培养高级技术工人的专门学校。1988 年首先在上海、沈阳等地建立，由地方劳动厅（局）或大型企业承办。招生对象一种是在职脱产（或半脱产）学习，年龄不超过 35 岁的中级技术工人和（中级）技工学校的生产实习指导教师；另一种是应届技工学校、职业高中、职业中专的优秀毕业生。学生在校修业两年，达到国家规定的本专业（工种）高级工技术等级标准的要求，并取得劳动部门颁发的高级工技术等级证书，享有与大专毕业相应的应聘资格。

（4）职业技术师范学院。职业技术师范学院目前没有规定统一的名称，有的称职业师范学院或技术师范学院。总体来说，三种称谓学校的培养目标是一致的，都是为中等职业（技术）学校培养专业理论教师和实习指导教师。此外，学院还承担一部分职业技术学校的师资培训任务。它居于高等职业技术教育范畴，是一种新型的本科层次的高等师范院校。我国职业技术师范学院自 1979 年创办以来，有了较大发展，形成了一定的办学规模和培养能力，为职业学校培养了为数可观的教师。

（5）职业技术学院。近年来，我国开始以新机制举办高等职业技术教育（简称“新高职”），可以招收应届普通高中毕业生和中等职业学校的应届毕业生。接受学历教育的毕业生可取得专科层次的高等职业教育毕业证书，与普通高等学校的毕业生一样实行学校推荐，自主择业。实施“新高职”教育的主体学校一般称为“职业技术学院”。此外，还有以下几种教育机构也可实施“新高职”教育：①普通高等学校内设置的二级职业技术学院；②人口较多，经济地位重要，而又未独立设置高等职业学校的地区和个别大城市，以成人高校为基础，适当并入国家级和省部级重点中专，使其办学条件达到国家标准后，组建职业技术学院。③少数条件好的成人高校，减少成人脱产学历教育的规模，承担试办“新高职”的任务。④探索社会力量举办“新高职”之路，以条件相对较好，具有举办高等学历教育资格的民办高校为基础，根据自愿原则，适当吸纳其他社会办学力量，使办学条件达到国家标准后，改办为民办性质的职业技术学院。

4. 职业学校的结构

职业学校的结构，指职业学校系统的内部各要素的构成状态。其主要包括层次结构、类型结构、专业结构以及布局结构等。

（1）层次结构。对职业教育层次的划分有两种不同的标准，一种以文化知识程度为标准，一种以专业技术人员结构的层次为标准。职业学校教育，一般按文化知识程度划分为初、中、高三个等级并与普通教育相对应。这种划分方法有利于保持职业教育体系的完整性，有利于职业技术教育与基础教育、高等教育的相互衔接。但是，职业学校的层次与专业技术人员结构的层次并非是严格的对应关系，例如，高等职业学院培养的人才并不一定必须是人才结构中的高层次，中等职业学校也可以培养高级的技术员或技术工人。因此，职业学校的层次结构既包括职业学校的初、中、高等三个层次，也包括所培养的人才结构的初、中、高三个层次。

（2）类型结构。与其他教育体系相比，职业教育的类型结构是最为复杂多样的。

其可以分为人才培养类型的结构、办学体制的结构、办学形式的结构等不同类型。

人才培养类型主要以培养目标的不同划分为技术型、管理型和技术工人型。技术型人才是第一线生产中从事产品或设备的工艺、装配、调试、控测、使用、维修等技术性工作的人员。管理型人才是在生产过程中从事管理性工作或服务性工作的人员。技术工人主要是直接参加第一线生产的操作工人。人才类型不同,对知识、技术和技能的要求是各不相同的。我国的技工学校和中专学校就是按人才培养目标不同而形成的学校类型。随着办学体制和管理体制改革的深入,职业学校的培养目标不再像过去那样单一,技工学校也开始培养技术型人才和管理型人才,中专学校也开始培养技术工人和管理人才。因此,分析职业技术人才培养类型的结构既要分析学校类型的结构,又要关注职业学校内部人才培养目标类型的结构。

办学体制主要指职业学校的举办体制。我国职业教育的办学体制是从完全由国家办学,逐步发展为国家办学、部门办学、企事业单位办学、社会力量办学和联合办学等多样化的办学体制。国家办学也称为教育部门办学,是办学的一种主要形式。业务部门办学是除教育部门以外的其他部门办学,主要面向本系统和社会招生,毕业生大部分在系统内部择优录用。企事业单位办学是企业和事业单位为适应本企业或事业单位的需要举办的职业教育。社会力量办学是具有法人资格的社会组织或个人举办的职业技术教育,是对国家办学的补充。办学体制结构的改革目标是形成以国家办学为主,其他多种类型办学共同发展的结构。

办学形式主要指办学组织的形成,因办学主体的不同、学制时间的不同、规格的不同、学生来源不同而相异。随着生产力的发达、科技的发展,职业教育的形式结构日趋复杂化、多样化、多规格化。在所有的教育类型中,职业教育的形式结构是最为复杂多样的,职业学校教育和职业技术培训是两种最主要的形式。仅就职业学校而言,又可以分成不同的形式:按办学主体不同可以分为公办、私立、政府办、企业办、社会力量办学等;按学制不同可以分为全日制、部分时间制、业余制;按授课方式可以分为面授、函授、面授与远距离教育相结合;按结业方式可分为学历制与非学历制。

(3)专业结构。职业教育的专业结构指职业教育设置的专业的种类、个数。职业教育专业设置的合理化,直接关系国民经济和各行业技术性专门人才的结构,从而对经济、科技和社会发展有着重大影响。因此,评价职业教育专业结构是否合理,其标准主要是看职业教育所培养出来的各种类的专门人才是否与经济结构、产业结构、科技进步和社会发展的需要相适应。我国职业学校的专业设置在不同的发展时期，分别受到科类、行业、工种、地方经济结构和产业结构等不同因素的影响。

从新中国成立到20世纪80年代，中国处于计划经济时代，职业学校的专业设置由国家统一进行管理和规划。在计划经济时期，经济结构和产业结构相对稳定，职业学校的专业结构也相对稳定。下面以中等职业学校为例进行说明。中等专业学校包含两种学校，一是中等师范学校，它主要是培养小学教师；二是中等技术学校，它培养工、农、医、文、理、财经、政法、体育、艺术等科类的中等专业技术人才。中等专业学校的办学渠道是多方面的，既有中央和地方教育部门办学，也有中央和地方业务部门及其所属厂、矿、企事业单位办学。因此，既有按科类设置专业的，也有按行业设置专业的。中等专业学校的专业设置由国务院相关部委按专业系统归口管理。技工学校主要为工业企业培养技术工人，一般按工种设置进行教学，随着岗位操作技术的现代化与综合化，逐步由设置专业代替工种。技工学校的专业设置由劳动部门进行管理。职业高中是随着我国中等教育结构改革，在20世纪70年代末开始逐步发展起来的。在专业设置上，城市的职业中学主要发展第三产业的专业或工种；农村的职业中学主要针对农村产业结构来设置专业或工种。职业中学的专业设置由地方教育部门进行管理。

从20世纪80年代开始，中国的改革开放和现代化事业进入了一个新阶段。社会主义市场经济体制逐步形成，经济、科技和社会发展速度加快，经济结构和产业结构发生了重大变化。计划经济时代形成的职业学校的专业结构及其管理体制，已经不能适应经济和社会发展的新要求，急需进行调整和优化。近年来，职业学校的专业结构调整表现出以下几个趋势：

①专业设置与行业分类相对应，专业结构与产业、行业的结构相适应。职业学校的专业设置不再强调“中等专业学校”“技工学校”“职业高中”之间的差别。产业可以分为第一产业、第二产业和第三产业，第一产业又可以分为农业、畜牧业、林业等行业；第二产业又可以分为煤炭、石油、化工等行业；第三产业又可以分为教育、卫生、IT、旅游、酒店等行业。IT业又可以细分为计算机软件、计算机硬件、信息服务等。职业技术学校的专业设置主要与行业的人才需求类型相对应，如IT业需要计算机软件人才、计算机硬件人才、计算机网络技术人才、信息管理人才，职业学校可以相应设立计算机软件、计算机硬件、网络技术、信息管理等专业。由此形成的专业结构，与产业、行业结构及其人才需求类型结构相适应，符合职业技术教育应用性强和针对性强的特点。

②以地方经济结构为主，调整和优化职业学校的专业结构。《中国教育改革和发

展纲要》指出："发展职业技术教育要与当地经济发展的需要相适应。"这不仅指职业教育的规模和层次要与当地经济发展的需要相适应，也包括职业教育的专业结构要与当地经济发展的需要相适应。在市场经济体制下，省、市、县一级地方政府是对当地经济和产业进行规划和管理的主体，可以准确地预测专业人才需求的结构。由省、市一级的教育管理部门调控专业结构，可以使职业技术学校的专业设置与市场需求相一致，达到总需求与总供给平衡，专业的规模与结构优化。

（4）布局结构。布局结构主要指职业学校在不同地区的布局结构。我国城市与农村、东部与西部、沿海地区与内陆地区社会经济发展不均衡，产业布局、产业结构具有很大的不同。由于职业教育结构与经济结构、产业结构有着密切的关系，职业教育的地区布局也各不相同，从而形成不同的布局结构。从总体上来说，城市、东部地区、沿海地区经济发展比较快，工业化程度较高，职业教育较发达，职业学校较多。具体而言，每个省市又有自身的经济发展状况、产业布局和产业结构，每个省市的职业教育又有自身特有的布局结构。

（二）职业培训

职业培训是对从业人员进行的以从事某种职业所需要的职业知识、职业技能为主的培训活动。这种培训活动是有组织、有目的进行的，它属于职业教育范畴。职业培训既可以由技工学校、职工学校来实施；也可以通过就业培训中心、职工培训中心等培训机构来完成。职业培训的开展，一般是由劳动行政部门、经济业务部门、企业和社会团体来组织或实施。各方办学或办班，由劳动部门进行统筹和综合管理，教育部门负有对培训学校和培训机构进行业务指导的责任。劳动部培训司是全国职业培训的最高统筹机构，省、自治区、直辖市劳动部门对所辖地区内的职业培训工作进行统筹。职业培训以不取得学历资格为目的，一般培训时间较短，培训结束后经考核合格者，可按国家有关规定发给相应的培训合格证书和技能等级证书。

职业培训根据不同需要，分为从业前培训、转业培训、学徒培训、在岗培训、转岗培训及其他职业性培训，分别由相应的培训机构、职业学校组织实施。另外，根据培训对象、培训内容等具体情况，职业培训又可分为初级、中级、高级职业培训。

1. 岗位培训

岗位培训是按照岗位规范要求，对从业人员进行以提高本岗位需要的工作能力或生产技能为重点的培训活动。1987 年 6 月，原国家教委在《关于改革和发展成人教育的决定》中把开展岗位培训定为我国今后成人教育的重点。它是提高从业人员素质的最好形式，岗位培训分规范化和非规范化培训两大类：第一，规范化培训，即按照岗位规范的要求进行的培训。培训内容主要包括岗位工作的职责、权力和要求，职业道德、职业安全、职业纪律和工作程序，必备的专业知识、工作技能和经验等。被培训人员经考核合格，由有关机构发给岗位合格证书，作为取得上岗资格的证明。从业人员在转换工作岗位、晋升职务前也要按新的岗位要求，进行岗位培训。第二，非规范化的培训，指对已取得岗位资格的人员，根据岗位工作的新要求进行的培训，一般为短期培训。岗位培训具有在职性、定岗性、全员性、全程性、全面性、规范性、灵活性和直接有效性等特点。

2. 上岗前培训

上岗前培训是按不同岗位的基本要求对未上岗的职工进行的教育和培训活动。所有从业者，首先是技术业务要求较高的行业和部门的人员，在上岗前都要进行职业技术基础训练。在关键设备、关键岗位上工作和从事危险性作业的工人必须经过培训，并经考核合格后才能上岗。转换工作岗位和重新就业的工人也必须经过培训。培训内容包括专业知识、操作技能、安全生产知识、职工守则和职业道德等，由企业采取脱产、半脱产或业余方式进行。

3. 就业培训

就业培训也称为从业前培训，泛指对所有欲从事职业活动的人员（主要是城镇青年，也包括下岗职工）所进行的培训活动。通常指对学生进行以直接就业为目的的长期专门职业技能培训，也包括转业培训，属于职业技术教育范畴。现阶段，我国城镇就业培训大都由各级劳动服务公司或培训中心来承担，一些技工学校、职业中学也承担了部分培训任务。一些学校举办的短期专业技术培训班，同样属于就业培训性质。一些社会团体、民主党派、企事业单位及个人也办有就业培训学校或培训班。开展就业培训是发展城镇经济和个体经济、推动青年自愿组织起来就业和自谋职业、贯彻落实“三结合”就业方针的保证，是改革劳动用工制度、搞活经济的需要。在推行“双向选择就业”工作中，企业可以选择工人，工人也可以根据自己的专业特长、兴趣爱好选择企业。这样，工人就需要具备一定的技术特长，以适应“双向选择”。可以说，就业培训是沟通企业招工与工人就业的重要媒介。

4. 在岗培训

对从业人员进行的不脱离所在生产工作岗位，以提高本岗位工作能力为主的培训活动，也称为在职培训。它是企业、事业单位对职工进行职业教育活动的主要形式之一。在岗培训的方式可以多种多样，如短期培训班、技术业务专题讲座、专业研究、岗位练兵、技术比武、技术表演赛等。开展在岗培训要注重内容的针对性和实用性，培训对象的全员性、培训过程的全程性，要强调岗位工作的现实需要，全面提高在岗人员的岗位工作能力，在生产工作中迅速见到培训效果。

5. 转岗培训

转岗培训是对要转换工作岗位和技术工种的从业人员所进行的取得新岗位上岗资格的岗位培训。转岗培训的内容、培训方式可根据转岗人员的具体情况而定。

三、职业教育体系的发展趋势

我国职业教育体系在发展过程中取得了很大成就，但是，由于历史的、体制的和观念的原因，我国现行的职业教育体系不可避免地存在一些问题，不能适应21世纪社会发展和人民群众对教育日益增长的多种要求。对存在的问题和发展趋势进行分析，是我国职业技术教育体系进一步改革与发展的重要课题。

随着经济的发展，职业教育越来越受到重视，职业学校教育制度也在不断完善和改革。各国生产力水平不同，经济类型与产业结构不同，各国职业学校学制也各不相同，但职业学校体系的改革和发展体现出一些共同趋势。

（一）职业教育办学形式灵活多样，办学层次高移

世界各国职业教育的学制比普通教育的学制都要复杂得多，各国之间的差异也较大。如实施中等职业技术教育的学校，英国有文法中学、城市技术学院（技术中学）和综合中学；德国有职业学校、职业专科学校、职业补习学校、高级专科学校、职业完全中学和专科学校；美国有综合高中、职业高中和地区职业教育中心或地区职业技术学校；日本有综合高中、职业高中、高等专门学校等。由于职业教育的培养目标层次规格多，职业技术工种和专业门类繁多，教育发展水平不平衡、学生来源渠道多，这就要求职业技术学校的办学模式和学制年限灵活多样，而且今后还会随着上述各种因素的变化而变化。现行的学习期限有几个月的，也有1～4年不等的，即使同一类型、同一所职业学校都不是一种学制；授课的形式有全日制、半日制、部分时间制、工读交替制、函授制等。

随着高中教育的发展和科学技术的进步，市场对劳动者的职业技能和素质要求越来越高。新技术和新设备的大量应用，要求生产者具备更高深的知识和更现代化的技术，职业教育逐步向高层次延伸和发展。职业教育办学层次高移主要通过两种形式：一是通过延长学制或招收更高学历的学生。许多国家技术工人的培养是在中等后职业技术教育阶段，既招收初中毕业生，同时也招收高中毕业生。招收初中生的学习年限长些（3～5年），招收高中生的学习年限短些（2～3年），如日本的专修学校

和我国的部分五年制高职院校等。二是大力发展高等职业教育机构，培养社会急需的中、高级应用型技术人才。美、日、英、法、德等国加速发展社区学院、短期大学、高等专门学校、多科技术学院、高等专科学校和短期技术大学。从20世纪90年代开始，我国也大力发展高等职业教育，积极发展各种类型的培养中、高级技术型和应用型人才的高等院校。

（二）职业教育与普通教育之间的结合和衔接日趋紧密

教育制度在结构上的僵化就会产生教育与就业之间失调的问题。所以近年来世界各国把教育体制改革的重点放在高中阶段，调整普通教育与职业教育的关系。改革后的中等教育体制的特点是"普通教育职业化，职业教育普通化"，职业学校与高一级的学校进一步得到沟通。衔接和沟通的途径包括以下几方面：其一，建立多样化的中等教育结构。各国根据本国经济、社会和高等学校发展的需要，发展中等职业学校、增加综合高中和职业高中，使普通学校和各类职业学校的两类学生保持一个合理的比例关系。其二，在普通学校加强职业教育，在职业学校加强普通基础教育。美国、日本的高等教育比较发达，高等学校是开放性的，只要职业学校学生的学习年限和文化课达到普通高中的水平，同样可以通过考试进入普通本科院校学习。美国的综合高中比较普遍，高中毕业后，学生可以根据自己的兴趣选择报考综合性的大学、普通的本科院校、两年制的社区学院或其他技术性的高等院校。美国中等的职业学校也十分重视文化课的学习，毕业时既可以选择就业，也可以选择报考高一级的职业院校或其他类型的大学。普通学校加强职业教育的措施主要是通过增设职业性和专业性课程，使学生能学习相应的技术知识和职业技能。职业学校加强普通教育的措施主要是通过延长学习年限和增加相应的文化课程来完成。其三，完善职业教育体系，在系统内部进行上下沟通。有些国家，如德国，传统的职业学校与高等学校不相衔接。这些国家通过完善专门的职业教育学校系统，使中等职业学校、技术高中、中等专科学校与高等专科学校、短期技术大学互相衔接，上下沟通。职业学校的毕业生即使不能升大学，也可以升入对口高一级学校，并在业余教育系统或在普通学校内设补习班，通过补习文化课，达到升入高一级学校的目的。

（三）职业教育与成人教育、终身教育相结合

职业教育与成人教育的密切配合，从根本上说，是生产高科技化迅速发展的要求，也是人们对职业教育产生了新的观念后才出现的一种发展趋势。20世纪60年代以来，终身教育作为一种最有影响的国际教育思潮引起了世界各国的普遍关注。

在这种教育思潮影响下，对职业教育提出了一些新的观念：职业教育应摆脱以学校为中心；职业教育应是贯彻终身的教育。

传统的教育制度机械地把人的一生分为受教育阶段和工作阶段。最初的职业教育是在人生的早期就选定职业，并且是以今后不再变更为前提的，国外把它称之为“早期终结型职业教育”。在现代化生产的形势下，人们选择职业的自由在扩大，即使已经就业，转业和转岗的可能性也越来越大。现在，通过“早期终结型职业教育”所获得的知识技能，在毕业后的短期内就不适应形势发展的需要，对已就业人员进行职业技术培训更具有它的必要性和重要性。因此，在现在的教育体制中，不是普通教育与职业教育更对立，学校教育与学校后教育（继续教育）相互隔离，而是必须探讨在人的整个发展过程中，如何进行职业教育。

为适应这种需要，各国相继出现各种类型的成人教育机构和职业技术培训机构的组织形式，并逐渐扩大和完善，形成了一个与正规学校教育体系平行的成人教育体系。成人教育结合经济和社会发展的需要，更多地注重职业技术培训和知识更新，从过去的非职业性补偿教育，逐步发展到职业性继续教育。很多国家的继续教育就是在职业技术教育基础上发展起来的，有的还建立了回归教育制度。许多国家的各级各类职业技术教育机构除了对青年进行职前预备教育之外，也包括对已就业的成年人进行在职培训，职业教育呈现终身学习的趋势。总之，职业教育与成人教育进一步互相渗透、互相联系、交替完成，并逐步纳入到一体化的终身教育体系之中，是当前世界职业教育体系发展的趋势之一。

（四）采取多种渠道办学，产学合作不断深入

众所周知，职业教育脱离劳动现场由学校进行，是与现代生产方式相适应的。时至今日，学校教育已形成完整的体系，其规模之大、影响之深，在所有的教育机构中居于首位。同样，认为在就业之前先在学校接受职业教育仍然是对职业教育极为普遍的看法。但是，随着学校职业教育的发展，人们在职业预备教育过程中失掉的东西也不少。学校进行的职业教育由学校的性质所决定，教育过程和实际生活截然分开、学校和社会隔绝容易偏重知识和理论教育，学生往往成为知识的消极接受者，忽视了情感、个性、身体诸方面的发展，学习与劳动需要脱节。因此，在职业教育改革的实践中，需要考虑如何把职业教育同实际劳动现场紧密结合起来的问题。从职业教育的实践看，要求返回实际劳动现场去，以加强理论联系实际，不再把职业教育局限于学校是完全合理的。

当前，世界各国除了以学校为主进行职业教育之外，由企业出面投资兴办各类正

规职业教育机构或企业与学校联合举办各种类型和各种层次的职业学校，正在成为一种具有重要意义的发展趋势。它使得职业教育在体制、内容和形式上都更加多样化了，并且在新的更高层次上同生产实践紧密结合起来。这种结合给职业教育的发展注入了新的血液，也更加充分显示了职业教育同经济密不可分的关系，显示了职业教育对经济增长的日益突出的推动作用。

第三节 职业教育的培养目标

一、职业教育培养目标及其依据

培养目标是教育范畴中的一个基本问题，它不仅在教育学理论中占有重要的位置，而且对实际的教育工作也有着现实的指导意义。所谓培养目标，就是在国家总的教育目的的指导下，各级各类教育对受教育者的发展方向、内容及应达到的规格所提出的要求。

从其内涵与外延来看，培养目标是一个具有系统性、层次性的概念。我国各级各类教育的培养目标构成一个总的目标体系，职业教育的培养目标就是其中一个组成部分，而职业教育本身也是由概括程度不同的目标构成的系统，按照划分方法的不同，又分成层次、科类、专业培养目标三个子系统。

从培养目标的构成内容来看，它是由培养方向和培养规格两个部分组成的。培养方向是指受教育者将来应在社会中扮演什么角色；而培养规格是指受教育者的科学文化、专业素质、思想品德、身心素质应达到的规格水平和程度。

为了更准确地把握什么是培养目标，我们需要对几个与培养目标有密切联系的概念进行分析，比较其异同，从比较中把握其内涵。

教育目的和培养目标。教育目的，一般是由国家以法令形式颁布的要求各级各类教育机构必须遵守的统一规范。由于它是一个人才培养的总目标，因此往往是高度概括和抽象的。而培养目标是不同学校、不同学科、不同专业对人才培养的方向和规格做出的符合各自特点的规定，因此是具体的，有其特殊性的。另外，教育目的作为一种统一规范，它是国家级的，我们不能说某某学校的教育目的是什么，某某专业的教育目的是什么。而培养目标则是由不同的学校、科类、专业的目标构成的一个体系，具有系统性。我们可以这样理解，培养目标以教育目的为指导和依据，是教育目的的具体化和系统化，而教育目的是通过国家的整个培养目标体系来实现的。

教学目标与培养目标。教学目标也称教学任务，是指教学过程中所追求的结果。教学是实现培养目标的主要途径，因此，教学目标的内容包含了培养目标的主要部分。但教学不是实现培养目标的唯一途径，学校的其他工作也是围绕培养目标展开，为培养目标服务的。因此二者的关系是：教学目标为培养目标服务，是其从属目标；培养目标需要落实和分解在教学目标和其他工作的目标中才能得以实现。

教育目标和培养目标。关于教育目标，目前人们对其含义有不同的理解。有人把教育目标理解为两层含义：既包括抽象概括的教育目的，又包括一系列具体个别的目标。在国外，一些国家的教育目的就是通过教育目标的形式来阐述的。也有人在理解教育目标时，把它等同于培养目标，为了不引起歧义，在这里，我们使用培养目标这种提法。

培养目标问题在教育工作中占有重要的位置，它不仅是教育活动的前提和基础，同时也是教育活动的归宿。受教育者以培养目标作为自己的努力方向，依据培养目标来要求自己；学科和专业建设依据培养目标来进行，根据培养目标设计课程结构，编订教学大纲；教育部门以培养目标作为自己工作的行动指南，安排学校工作，并以培养目标来评估教育活动，检查学校工作。培养目标具有如此重要的地位，使得我们在设计它时应该慎重而准确。

职业教育培养目标是一定社会生产力发展水平对一定层次、一定规格人才需求的一种主动反映，在形式上它又是某一类型学校的办学性质与教学任务的集中体现。因此，在确定职业教育培养目标的过程中，必须认真分析、研究对培养目标有着制约和影响作用的种种因素，尤其是国家相关政策、社会经济、产业结构以及人才使用等方面的因素，这些因素直接或间接地影响着职业教育培养目标的确定。我们认为，设计一个科学合理的培养目标体系应该遵循以下几个依据。

（一）党和国家的法律及教育政策

法律和政策是影响职业教育培养目标的基本因素，其内容包括教育的指导思想、人才的培养规格及实现培养目标的基本途径等。

教育政策是一个国家依据一定历史时期教育的基本任务、基本方针制定的，同时，教育政策又是教育法规制定的依据。我国自十一届三中全会以来，先后颁布了一系列的教育政策和教育法规，成为各级各类教育确定自身培养目标的重要依据。

职业教育作为我国教育体系的重要组成部分，在确定具体培养目标时，要以这些教育政策及法规为依据。1996 年颁布并实施的《中华人民共和国职业教育法》指出：实施职业教育必须贯彻国家教育方针，对受教育者进行思想政治教育和职业道德教育，传授职业知识，培养职业技能，进行职业指导，全面提高受教育者的素质。1999年中共中央、国务院《关于深化教育改革，全面推进素质教育的决定》指出：“社会用人制度对于实施素质教育有着重要的导向作用，改革用人制度是全面推进素质教育的当务之急。要依法抓紧时间制定国家职业（技能）标准，明确对各类劳动的岗位要求，积极推行劳动预备制度，坚持实行‘先培训、后上岗’的就业制度，继续改革中等专业学校毕业生就业制度，使学生树立正确的择业观。地方政府教育部门要与人事、劳动和社会保障共同协调，在全社会实行学业证书、职业资格证书并重的制度。转变传统的人才观念，形成使用人才重素质、重实际能力的良好风气。”

党的十六大以来，国家有关部门提出了“全面建设小康社会”“农村剩余劳动力转移”“工业化、产业化、城镇化建设”等一系列工作方针与政策。这些带全局性的工作都是我国社会主义现代化建设中的重要内容，都与职业教育人才培养目标有着千丝万缕的联系。职业教育只有制定符合国家经济社会发展需求的人才培养目标，培养合格的专业人才，才能为建设和谐的小康社会作出应有的贡献。

（二）社会经济形态及产业结构发展的需要

社会经济形态及产业结构是确定职业教育培养目标的客观依据。职业教育受制于社会一定的经济发展水平，同时促进着社会经济的发展。

首先，社会经济形态的拓展要求职业教育注重培养学生的创业能力和竞争意识。改革开放以后，随着我国经济体制改革的不断深化，社会经济形态发生了深刻变化，民营经济、开放经济和劳务经济已占到了相当的比例。这种变化对人们就业观念的影响会越来越大，促使各级各类职业教育在人才培养过程中更多地关注受教育者的创业能力与竞争意识。

其次，社会产业结构的调整要求各级各类职业教育的人才培养目标与社会人才需求相适应。我国产业结构正在发生根本性转变，传统产业在产业结构中的比重急剧下降，而以知识密集型和新知识运用为特征的新兴产业得到迅猛发展；同时，传统产业中的知识、技术含量也大大提高。这就要求生产一线的劳动者不仅要具有熟练的专业技能，还要有较强的理论素养，成为一名智能型的应用人才。这对直接面向社会生产第一线培养中、高级技术应用型人才的各级各类职业学校人才培养目标的确定产生了直接的影响。

再次，经济全球化的发展趋势，需要各级各类职业学校培养大量“本土化”“外向型”的中、高级技术应用型人才。随着社会经济发展全球化趋势的加快，现代企业都在向跨国公司发展，大量的跨国公司进入我国，可以带来尖端的技术，但不可能带来大批的企业生产第一线需要的技术人才,这为我国职业教育带来发展的机遇。当然,也对职业教育人才培养目标、规格等提出了更高的要求,进而在一定的程度上影响着各级各类职业教育培养目标的制定。

（三）学制、学历及国家职业分类与职业技术等级标准

社会的进步与发展需要不同类型、不同层次、不同规格的专业技术人才。就人才类型而言,有管理类、技术类、技能类等;就人才层次而言,有初级、中级、高级等;就人才规格而言,有知识型、心智型、动作型等。在我国现有的职业教育体系中,这些区别主要从学制、学历及专业设置来体现,而这三者不但体现着社会经济发展对职业教育的要求,也体现着一个国家职业教育发展的现实状况与水平。因此,培养目标的制定不但要对应相关学制、学历及国家职业分类与职业技术等级标准,而且应有一定的前瞻性,这样才能使职业教育起到引领新知识、新技术、新工艺、新设备的作用。

学制主要指受教育者的入学条件及修业年限。学历是与学制紧密相连的一个概念,包含一定层次的课程体系和实训经历,如果受教育者不具备相应的课程知识与实训技能,也就不具备相应的学历水平。所以,学制与学历要求是培养目标的具体表现。

确定职业教育培养目标内涵最重要的依据是国家职业分类和职业技术等级标准。在生产实践中,接受学历教育所形成的知识、技能以及态度、情感、精神等诸要素融合在不同职业活动过程中。在这种情况下,必须对每一种职业所需的知识、技能、态度、情感、精神等进行准确的描述。国家职业分类及技术等级标准对这种职业分析具有一定的权威性,因此培养目标的确定必须将其作为界定内涵的重要影响因素。

（四）受教育者个体发展的需要

受教育者个体发展的需要是职业教育确定其人才培养目标的内在依据。职业教育既是面向社会整体的,也是面向受教育者个体的。个体为了自身生存及职业选择与发展,会产生继续接受相关专业教育的内在动力。因此,职业教育培养目标的制定必须考虑如何满足受教育者个体发展的需要。这些需要包括:受教育者个体终身学习的需要;受教育者个体就业与创业的需要;受教育者个体可持续发展的需要。

二、职业教育培养目标的素质结构

完整表述职业教育的培养目标应包括两方面的内容。一方面是培养方向,这是由职业教育的性质和任务所决定的;另一方面是素质结构,这是制定培养目标的核心问题。教育作为一种有意识的培养人的社会活动,不仅仅给受教育者传授一些知

识、形成某些能力，更重要的是培养一种良好的综合素质。从动态的角度观察，合理素质结构的形成是一个渐进的过程，其发展过程可分为：掌握知识的过程、形成能力的过程、养成素质的过程。从静态上看，一个人身上同时存在着三种形态：知识形态、能力形态、素质形态，三种形态呈某种形式的结合，在人的发展过程中，三种形态的协调也在不断调整。这几种形态都有一定的结构，只有结构合理才能最终形成良好的综合素质。下面试对这几种结构加以分析。

（一）知识结构

所谓知识是指人类在改造世界的实践中获得的认识经验的总和。知识结构就是人类知识内化到个体头脑中所形成的类别、数量、质量及相互联系。合理的知识结构是综合素质形成的第一个过程，是良好综合素质的基础。职业教育培养的学生的知识结构由于层次不同、所学专业不同而在具体内容上会有差异性，但其总体框架、类别等因素是相似的。合理的知识结构应该满足现代社会对操作型、应用型人才的需要，体现出职业教育的特点。这个结构主要是由科学文化知识、专业技术知识合理结合而形成的。

1. 科学文化知识

科学文化知识的范围广泛而丰富，涉及的学科门类很多，包括人文、社会科学基础知识，自然科学基础知识及方法论知识，其中有的与专业有关，有的与专业无直接关系。但它们是形成学生合理的知识结构及良好的科学文化素养必不可少的组成部分。

人文、社会科学知识包括哲学、政治学、经济学、法学、历史和文学艺术等学科的知识。它们是形成学生良好的政治思想素质和人文素质的知识基础。虽然由于精力所限，对各个学科的知识不可能全面掌握，但对其基本概念、基本原理及基本方法应有所了解。这既是陶冶性情、提升文化品位的需要，也是促进教育对象德、智、体全面发展所应具备的精神资源。

自然科学基础知识主要指数学、物理、化学、生物等基础学科的基本概念和基本事实。由于职业教育的学生数理化基础较之于普通学校学生普遍薄弱，因此，强调掌握该类知识是十分必要的。这对于高一级学习以及深刻领会专业知识、掌握专业技能起着基础性的作用。

在自然科学、社会科学的发展过程中，一方面形成了各门学科的“实体性”知识；一方面也抽象和概括出分析解决问题的方法论知识。方法论知识有助于培养跨学科移植概念和方法的能力及创造性解决问题的能力。随着科学技术的发展，知识更新越来越快，人们迫切需要一种查询、检索、储存、调用知识的有效方法，因此，懂得一些马克思主义的哲学思辨方法、“老三论”“新三论”知识以及掌握一些现代信息技术，这些都是培养学生的综合素质、促进全面发展的要求。

2. 专业技术知识

一般认为，科学是回答是什么和为什么的知识，着重对自然界现象和事物的本质与规律加以描述；专业技术则是回答做什么和怎么做的知识，着重于把科学知识运用到各种人类活动中解决实际问题，实用性、定向性强。它向上连接着科学，向下连接着生产，是职业教育的学生应重点掌握的一类知识。专业技术知识按其内在逻辑关系大体上可以分为两个层次：一是专业基础知识，主要是专业技术中偏重于理论基础的部分。二是专业知识，主要是指为适应某类职业岗位群的职业能力的要求而必须具备的专门知识。其职业针对性强，与专业服务方向密切相关。考察这两个层次的知识的特点和相互关系，我们可以借用苏联数学家 A．N．马库雪维奇提出的信息储存模式。他把人类储存的信息分为信息核和信息壳两类：信息核具有很高的稳定性和很强的滋生力；而信息壳则具有很强的应用性和针对性，但其应变性差，陈旧率高，更新周期短。专业知识对应于信息壳，专业基础知识对应于信息核。为了构建合理的知识结构，应拓宽专业基础知识并力求掌握得扎实、精深。对于专业知识，则应注重精选内容，让学生领会蕴含在其中的具有普遍性的思想和方法。这样才能以稳应变，保证毕业生对不断更新的职业技术向从业人员提出的挑战具有应对能力。

（二）能力结构

能力是指顺利完成某项任务的心理特征，是个体从事一定社会实践活动的本领，它是在合理的知识结构基础上所形成的，是多种因素的综合。合理的能力结构是综合素质形成的第二阶段。和知识相比，能力不仅是存储在头脑中，更重要的是体现在活动中。它抽象、无形，一旦形成后不易失去。合理的能力结构是从事职业、适应社会、寻求发展的基本而关键的条件。它包括以下几个方面的能力。

1. 专业能力

专业能力是指专业领域内从事生产、经营、服务等职业活动所需要的能力，它是知识和技能的综合。如服装设计与加工专业的专业能力就应该包括：了解艺术设计和服装面料的知识，拥有制图设计和服装裁剪的技能。专业能力在整个能力结构中处于核心地位，它是劳动者胜任工作、赖以生存的本领。近年来，一些职业学校开始实行“双证书”制度，即毕业生在取得学历证书的同时，又在与专业相关的工种中，获得中级工技术等级证书。这些做法对于提高毕业生的技能水平，促进能力训练的规范化，无疑是有积极意义的。

2. 方法能力

方法能力是一种发展能力，它是指从事职业活动所需要的工作方法和学习方法，它包括科学的思维模式和基本技能。科学的思维模式不仅是从学习方法论的知识中直接得到的，更是从其他知识的学习和实践中感悟到的，它可以形成解决问题的思路。基本技能是一个受过一定教育的人为适应现代社会生活必须具备的技能，它是发展能力所必需的，是方法能力的基础，主要包括阅读技能、写作技能及计算机操作技能等。其中阅读技能易被人们所忽视，有加以强调的必要。在知识总量迅猛增长、信息如潮水般向人们涌来的今天，掌握科学合理的阅读技能至关重要。科学的阅读方法很多，其中最有效的是精读和泛读的合理配合。此外，还应掌握文献查阅的方法，善于利用各种索引、书目、文献、提要、年鉴等工具书。

3. 社会能力

社会能力是指从事职业活动以及生活在社会中所需要的行为能力，包括人际交往、公共关系及社会责任等，它既是基本的生存能力，又是基本的发展能力。社会能力是开放社会中人的必备能力，是职业教育培养目标中的应有之义。但在实际的教育工作中往往很缺乏对这方面能力的培养，要么认为社会能力的培养是学生自身或其家庭的责任，与学校关系不大；要么认为此项工作操作性不强，不好把握，因此作罢。这样的结果，常常造成受教育者人格上的缺陷，步入社会后严重影响工作和生活的质量。社会能力的培养不仅仅是从书本上学习一些社会知识，更重要的是在日常生活中锻炼提高。

（三）素质结构

素质是指在先天生理的基础上，受教育和环境的影响，通过个体自身的认识和实践养成的比较稳定的身心发展的基本品质。素质与知识和能力相比，层次更高。培养以创新精神和实践能力为重点的良好的综合素质是素质教育所希望达到的目标。一般认为，知识是能力的基础和前提条件；能力是知识的抽象和内化；素质则是知识与能力的升华和高层次上的再现。素质比知识和能力涵盖的范围更广，由于它是多种品质的内在结合，因此是难以割裂开的。这里为了叙述的方便，权且将素质结构分解为以下几个要素进行讨论。

1. 科学文化素质

科学文化素质与前面分析过的知识结构中的科学文化知识相比，主要差别就是素质是内化了的并且是能够再现出来的，它已经超越了知识形态，而成为思考问题的思维模式，解决问题的能力和方法。科学文化素质在人的素质结构中占有基础性的地位，是形成良好的社会适应能力所必需的，因此加强科学文化素质的培养应是职业教育培养目标的重要内容。

2. 专业素质

专业素质是专业知识和专业能力的综合与升华，包括对新技术的接受和理解力、职业的适应能力、质量意识、安全意识、时间观念、经济观念、提出合理化建议的能力等。专业素质是职业教育培养目标中的核心素质要求，是职业教育较之普通教育的主要特色，培养目标应突出专业素质的特点。

3. 思想品德素质

职业教育的学生应具有各种类型教育的学生均应具有的一般思想品德素质，它包括：要具有科学的世界观和人生观、共产主义的远大理想、正确的价值取向、辩证唯物主义和历史唯物主义的立场和观点；要有坚定的政治立场，遵循党的以经济建设为中心、坚持四项基本原则、坚持改革开放的基本路线；具有爱国主义和集体主义的情感；能用社会主义道德要求自己，具有良好的社会公德。

除此之外，职业教育的学生还应注意养成以下几方面的素质。

（1）正确的劳动态度和良好的劳动习惯。每个学生将来都要从事某种职业，正确的劳动态度和良好的劳动习惯本来是现代社会对所有学生的普遍要求，但对于职业教育的学生其意义更为重要。因为职业教育的任务是为各行各业培养在生产、经营、服务和管理一线工作的技术工人、农民及其他从业人员，正确的劳动态度和良好的劳动习惯是培养对象所必须具有的品质。然而，随着生活水平的改善及生源构成中独生子女所占比重的提高，再加上社会上不良风气的影响，目前在学生中鄙视劳动、贪图安逸、奢侈浪费现象有所浮现。这与马克思主义所倡导的教育与生产劳动相结合、培养全面发展的人的教育原理是相违背的，对职业教育所培养的劳动大军的思想素质产生了消极的影响。因此，职业教育的学生要养成正确的劳动态度和良好的劳动习惯。这既是完成学业的要求，也是未来职业生活的要求。

（2）集体主义和团结协作精神。现代社会是开放的、多姿多彩的社会，人们在追求自由和个性发展过程中，非但没有抛弃集体主义和团队精神，反而越来越认识到其重要性。职业教育的性质和特点决定了其毕业生大多在各行各业的第一线工作。现代工业、农业、服务业发展到今天，各项工作的协调配合达到了前所未有的程度。各个企业在选用员工的时候，越来越把团队意识和协作精神作为必备素质。因此，集体主义和团结协作精神不仅仅是一个人塑造完善人格的要求，更是现代社会对人才素质的现实需要。我国现阶段的职业教育的生源中，独生子女多，在家里往往受到溺爱，自我意识很强，缺乏团队精神。因此，在职业教育的培养目标中，强调集体主义和团结协作精神就更有现实的针对性。

（3）高尚的职业道德。职业道德是指在特定的职业范围内的特殊道德要求，是一般道德原则在职业活动中的具体表现。由于职业活动是人类社会的基本社会活动，因此，职业道德比起其他的道德更直接、更深刻地反映着社会的道德水平和道德风貌。职业教育的学生从业后作为拥有某一行业领域的知识和能力的专门人才，应该成为遵守本行业职业道德的表率。职业教育作为一种专业定向教育，培养学生对其将要从事的职业的正确认识，以及在此基础上所形成的职业道德、职业情感和职业行为习惯，正是职业教育所追求的重要目标之一。

4. 身心素质

良好的身心素质是职业教育的学生能够完成学业以及胜任将来所从事职业的基本保障。没有健康的体魄，许多技能特别是对体力要求较高的技能就难以发挥。

没有良好的心理素质，在实践中运用知识、发挥技能的时候，能力也会大打折扣。良好的心理素质同时也是塑造一个健全的、全面发展的人的一项必备素质。因此对身心素质的要求理应成为职业教育培养目标中的重要内容。身心素质包含身体素质和心理素质两方面内容。

（1）身体素质。身体素质是指人体的结构和机能状态素质。它是人们完成其他活动的基础。职业教育的学生应按其年龄、性别、生理等特点相应地达到国家体育锻炼标准，培养健康的体魄，以形成具有充沛精力的身体素质。除此之外，职业教育的学生还应根据不同职业对从业者体质的特殊要求，培养在学习、劳动和生活中所需要的特殊身体素质和活动能力。例如，建筑专业要求能够登高作业，能吃苦耐劳，经得起风吹雨打和严寒酷暑的考验；航海捕捞海运专业要求经得起风浪，会游泳，会攀爬；饭店服务及管理等专业要求下肢有耐力，能够长时间站立。总之，职业教育既要注重一般的整体的身体素质，还要满足专业对学生特殊的体质要求。

（2）心理素质。心理素质是指认识、情感、意志和个性诸方面素质的综合。随着我国改革开放的深入，社会不断发生变迁，生活节奏加快，竞争加剧，许多由心理素质引发的问题凸显出来，引起了教育界的关注。职业教育应培养学生具有什么样的心理素质，才能塑造完善的人格，适应不断变革的社会呢？

心理学认为：人的心理素质与先天的遗传有关，更与后天的经历特别是人早期的环境有关。人的性格多种多样,气质各不相同,认识、情感的个性特征差异显著,很难说哪一种好,哪一种不好。一个人若情感细腻、感情丰富,他就很难做到沉稳、冷静;若是顺从、平和,就很可能缺乏主见。也就是说每种类型既有其积极的一面,又有其消极的一面,很难求全责备。当然这并不是说就没有目标了,只是对教育的要求更高了,应体现以人为本的个性化要求。一种良好的心理素质应该符合这样几个标准:一是心理与环境的统一性;二是心理与行为的整合性;三是人格的稳定性。结合职业教育学生的身心发展特点,职业教育应该培养学生具有良好的情绪、健全的意志、和谐的人际关系、正确的自我观念、适度的行为反应、完整统一的人格和积极的社会适应力。此外,和不同职业对身体素质有其特殊要求一样,各种职业对心理素质也有不同的要求,管理者要求积极、主动、有决策力;幼儿教师应有耐心、亲切、温柔;公关人员应热情、大方等。

第四节　职业教育学科建设与展望

一、新世纪我国职业教育发展的特点

(一)职业教育将更具开放性

以往的职业教育定位比较狭窄,只是为各行各业培养有文化、懂技术、业务熟练的中初级技术人才和劳动者。一些学生的发展潜力还没有充分展现时就已经定向了,成为终结性的教育。必须变终结性的教育为终身教育,职业教育的发展才有前途。人们接受教育的愿望是随着经济社会的发展而发展的,今天选择普通教育,明天就可能选择职业教育,关键是社会能够提供他们多少可以自由选择并且是适合自己个性及特长发展的教育方式。职业教育是现代教育的重要组成部分,以终身学习的教育观念来看,职业教育必须为人们的个性发展及和谐发展提供可供选择的途径,要找到实现社会发展需要与个人发展需要、社会利益与个人利益相统一的结合点。

培训是职业教育的应有之义。培训应归为正规教育之列,从终身学习的角度认识培训教育的意义。对教育方式的认识,不仅仅局限在学校教育的长期教学上,应从弹性学分制上着手,把培训作为正规教育的学分积累,促进学习化社会的形成。中国加入 WTO 以后,职业教育将向国外教育机构开放,国外教育机构将会以各种形式参与竞争,在教育理念、办学思想、教学手段、管理方式等方面也必然会产生影响。职业教育成为开放式、可持续的教育类型,学习的时间和空间更灵活、更简便,提供能够满足不同群体、不同个人的各种需要的教育形式，是经济社会发展的必然要求，也只有这样职业教育才有生命力。

（二）公办教育、民办教育和中外合作办学将共同发展

《中共中央国务院关于深化教育改革全面推进素质教育的决定》指出，要建立以政府办学为主体、社会各界广泛参与办学、公办学校与民办学校共同发展的办学体制。办学体制改革的核心是投入方式的改革，其次是育人方式的调整，再次，是拓宽了教育的发展空间。由于我国实行的是以公有制经济为主体、多种经济成分并存共同发展的社会主义市场经济体制，这也就决定了我国办学体制多样性的特点。

今后很长一个时期，民办教育仍有较大的发展余地。面对国外教育办学力量的介入和冲击，要提高我国民族教育产业的国际竞争力，需要创造一个公平的竞争环境。在不同体制下，办学主体之间也要遵循国民待遇的原则，要一视同仁，不能有歧视行为。不同的地区将会根据自身经济和社会发展的需要，加强鼓励和扶持的力度，继续制定政策，依法治教，规范办学。在领导体制、硬件建设、师资配备、教育教学质量方面，进一步加强评估和监督，促进民办教育的健康发展，形成一种相互合作竞争的态势，教育的服务质量和水平将得到提高。

（三）纳入国际职业教育体系

中国加入了 WTO，作为与市场经济发展最密切的一种教育类型，中国的职业教育也必然要与之相适应。在人才的培养规格、课程设置、教学质量、教学方式和评价标准等方面，要注意吸收和借鉴国外的一些先进的做法。要重视引进国外先进的职业资格证书制度，构建符合国际化职业教育质量认证标准的有关管理制度。要尝试建立我国职业教育的学位制度，建立有中国特色的职业教育发展制度。北京将试办国际标准的职业院校。加入 WTO，虽然我国在教育服务中的“跨境支付”方面没有承诺，但是从长远看，在知识的生产、传播和应用方面，在不同区域的教育资源的交流与合作方面，由于全球互联网的作用，仍然具有更多的选择和通道，这无疑对我国学校教育教学的升级改造以及课程内容的科学化水平的提高，逐步融入国际教育体系具有非常重要的影响。目前，国内一些学校已经尝试引进国际标准化组织认证体系，以借鉴应用于企业质量管理和质量保证的国际标准 ISO9000 认证，加强对学校的全面质量管理，从学校管理观念、服务意识的提高方面进行探索。有的学校也在积极探讨引入国际技术证书制度，扩大中外合作办学，引进优质职业教育资源方面的途径。我国需要适应经济全球化的新形势，要充分重视培养能够参与国际竞争的人

才，实现职业教育的多渠道、多元化的发展。

（四）职业教育将更具发展性、适应性、与时俱进性

市场经济有一个不变的规则，那就是它永远是变化的。因此，职业教育在质量、效益、办学模式、培养目标、办学的层次结构等方面，都需要更加关注劳动力市场的情况，要不断根据劳动力市场的需求加以调整；要以学生的发展为本，要以市场不断变化的需要为本；在管理模式上，要给予高等职业教育发展的自主权和选择权。要围绕国家“十五”计划和未来10年主导产业和优势产业的发展设置专业，进行市场预测，超前设计和规划。把培养高素质、高技能的产业大军和劳动大军作为办学目标，开展多层面、多方式办学，这样职业教育才会有生存和发展的空间。

职业教育将由传统的培养专业技能转变为培养就业能力、学习能力、发展能力、创业能力。职业教育的本质特点就在于它的职业性，在于对学生能力倾向的发现，在于对学生创业潜能的开发。新的历史时期，更重要的是以学生的现实和未来发展为本，通过高等职业技术教育的发展，引导中等职业技术教育的方向，提高学生的综合素质。注意与基础教育中的综合实践教育结合，与劳动技术教育的衔接，注意吸纳基础教育课程改革的新理念，增加研究性学习项目的开发，有目的地开设一些个性化课程，促进学生自我认识、自我设计能力的提高，努力培养具有创新精神和创新实践能力的社会主义的建设者和接班人。

二、职业教育学科基础建设

（一）完整的学校教育体系

1. 职业教育要有比较完善的教育教学标准

目前，根据我国社会生产力的发展水平和发展阶段看，中等职业教育仍然是需要的，仍处在重要的位置。教育部已重新制定了《中等职业学校专业目录》，加强了83个重点专业的建设。在加强中等职业教育教学标准的制定时，也要适时地研究和开发高等职业教育的教学标准，统一性与多样性相结合，以满足人们追求优质高等教育资源的需要。

2. 要有适应新形势需要的先进的教材

2000年，教育部发布了《关于全面推进素质教育、深化中等职业教育教学改革的意见》，加大了课程改革和教材建设工作的力度，依据《中等职业学校专业目录》，确定了重点建设的83个专业，制定了专业教学指导方案，组织开发编写1000种国家规划教材。北京市2002年已开始尝试引进国外原版教材开展师资培训。教材立足

体现以全面素质为基础、注重能力培养的教育观念，注重培养学生的综合职业能力；注重体现思想性、科学性、先进性、特色性和适用性的原则；注重反映新知识、新技术、新方法、新工艺的要求，并力求教材内容符合学生的认知特点和规律。

3. 要有科学的研究方法和教学方法体系

一个学科的存在与发展必然有它独立存在的价值意义。科学研究往往是在方法上有所突破时，才会有新的进展。一个学科也在有了自己的方法体系时，才会走向成熟和成功。在科学研究上，需要探索新方法。在教学上也要注意引进新方法，要敢于打破常规，加强尝试教学，要注意案例教学法的引进，引导学生积极思维，给学生留出创造的空间，教学过程中在重视理论指导的前提下，需要突出职业技术教育的实践性、活动性和体验性的学习特点。更重要的是它的开放性和创新性，教育教学要与学生的未来职业领域联系起来，以激发学生的学习热情。让学生尝试自我设计、独立思考，注重问题教学，培养和训练学生提出问题、发现问题、解决问题的能力。

4. 要有一支优秀的教师队伍

目前，在我国职业教育教学过程中有两个偏向：一是强调理论教学、强化基础知识的作用，忽视动手实践能力的培养；二是过分强调技能的训练，学生的知识面比较窄，适应性差。知识与能力，实践与理论，如何有效结合，如何产生综合效应，关键在于教师队伍的素质，在于教师在教育教学过程中的教学艺术。教育部为了进一步提高职业教育教师的素质，自 20 世纪 70 年代以来，除建立职业技术师范学院外，还在一些综合大学设立了职业技术学院，与一些大企业联合培养职业教育师资。1999—2001 年，教育部先后分 3 批确定了 52 个全国重点建设职业教育师资培训基地。为了加强专业课和实习指导教师的技能训练，教育部还确定了上海宝钢集团公司、海尔集团、苏州工业园区职业技术学院等 6 个单位为全国职业教育师资专业技能培训示范单位。目前，全国还有 125 个省级职业教育师资培训基地。这些基地充分发挥基地、教学、科研的示范作用，成为我国职业教育体系建设的重要组成部分。在师资培训方面，在深化我国“双师型”经验的同时，应注意学习国外的经验，像德国就很注重职业教育教师的职业工作能力资格和进修学历资格的培养。有规范的专业设置体系和教学组织方式，同时又尊重个性化的选择学习和实施个性化的严格的考试。

5. 要有支撑本学科生存的理论体系

我国的职业教育理论经过 5 个“五年计划”的研究，取得了一批优秀的科研成果，为我国职业教育的大发展作出了重要贡献。但是，职业教育以往的理论研究主要还是偏重于实践经验的总结方面，教育教学研究也主要侧重于中等职业教育，对职业教育的基础理论研究、前瞻性的战略研究和高等职业教育的研究还不够。面对社会主义市场经济的新体制，面对加入世界贸易组织的新挑战，职业教育理论还不能适应新形势的需要，它还需要丰富和发展，需要不断创新。我们一方面要注重职业教育学科知识的系统性，同时又要注重职业教育发展的现实需求，要长短结合，互促共进，创造条件，建立有中国特色的职业教育理论体系是今后一个时期职业教育建设和发展的重要任务。

6. 构建与时俱进的课程体系

职业技术教育作为学科课程在中学阶段开设，主要是为了学生的全面和谐发展。这是为学生的未来负责，为学生的终身学习打基础，为学生未来的职业生活奠基。教育部办公厅2001年发布的《关于在部分有条件的中等职业学校做好综合课程教育试验工作的意见》中提出，有条件的中等职业学校举办综合课程教育，是中等职业教育面向社会实行多样化办学模式的新探索，对于培养生产、管理和服务第一线高素质劳动者，为部分毕业生接受高等职业教育奠定更为坚实的文化基础知识具有积极的作用。综合课程教育有5个方面的要求：①综合课程教育的基本学制为3~4年，以3年为主。学校可根据需要实行弹性学制和学分制。②综合课程教育的专业可参照中等职业学校专业大类设置，要注意设置对文化基础要求较高、技术含量较高和复合性较强的专业，增强学生的适应性。③综合课程教育可根据当地高等职业技术院校招生和就业岗位对学生文化素质的要求，既可以按照教育部颁布的《中等职业学校文化基础课程教学大纲》，也可以参照普通高中相关课程的教学基本要求，开好文化基础课程。同时，要根据专业需要开设培养学生专业知识、职业能力与实践能力、创新精神和创业能力的课程，加强对学生进行职业指导。④综合课程教育要突出职业教育特色，注意防止出现按照普通高中教育的模式来举办综合课程教育的做法，防止把综合课程教育办成升学预备教育。⑤综合课程教育要实行多样、灵活的教育教学管理制度和模块式课程体系，实行必修课程与选修课程相结合，给学生提供多种选择的机会。综合课程班可以在一年级、二年级后，通过实行分流或选修课程等形式，根据学生的升学、就业愿望和自身条件，适当深化文化基础课程的学习或加强专业知识的学习和职业能力的训练。综合课程教育在职业教育教学领域的实验是非常有意义的，它符合接受职业教育的学生全面素质提高的要求，拓展了素质教育的领域，这是完善职业教育课程体系的重要开端。

在我国高等教育初步走向大众化的背景下，高等职业技术教育应该突出每一所院校自己的特色。在课程设置上要面向社会需要，面向职业市场，可以更充分地发挥办学的自主权。在课程体系建设上，在注意综合性的同时还需要注意它的阶段性和衔接性，要与学生的学习规律相适应。

（二）职业教育科研专门机构的建设

要充分发挥中央科研机构的核心作用，调动地方科研院所和基层学校的积极性，实行专职和兼职队伍相结合的途径，最大限度地合理配置职业教育资源，以最小的科研投入取得最大的科研成果。我国的职业教育学科建设需要有重点的学科发展基地。国家级和省级研究机构具有统领作用，在规模、经费、投入、开放性、流动性、科研组织机制方面需要加强建设，并探讨科研人员的评价体制和激励机制。基础研究要与应用研究结合，有集体攻关的项目也要有突出个性化的研究、创造性的劳动。研究工作的小型化和个体化怎样与重大研究项目的集体攻关结合，如何能保证科研人员全时、科学的劳动时间，专职科研人员如何与教学实践结合，怎样与高等院校结合，使科研人员有更多的深入教学生产技术应用等方面的实践，有常规进修提高的渠道等，都是重要的研究课题和待解决的问题。这需要政府部门统筹协调，重点安排，政策倾斜，加大经费投入，要有长远发展规划，又要有步骤地推进实施。

（三）配套的社会培训系统

社区教育是构建终身教育体系、建设学习化社会的基础工作。社区教育是指面向社区内全体居民的，开展旨在提高社区成员整体素质和生活质量，服务区域经济建设和社会发展的教育活动，是一种组织教育形式，是综合利用社区内的各类教育资源，面向社区进行服务的一种手段。社区教育的内容要以提高社区成员的思想道德、职业技能和文化生活质量为主，开展多样化、多种形式的培训，使社区教育组织成为各种类型的学习组织，形成一种不断学习、终身学习的社会文化氛围。

三、学科发展的服务支持系统建设

（一）国家政策、法律支持系统的建设

1. 要逐步充实和完善以往有关的法律、法规和政策；

2. 研究制定符合 WTO 要求的法规与制度；

3. 学习和借鉴国外的法制经验。

（二）报刊宣传媒体

目前我国职业教育报刊已有几十种之多。诸如《职业技术教育》《教育与职业》《中国职业技术教育》《职教论坛》《职教通讯》《新职教》等刊物很有影响，为职业教育思想的传播和对职业教育实践的指导发挥了重要作用。由于这几年职业教育事业的困境,报纸杂志有的也难以维持,有的将自生自灭。职业教育在我国教育体系的地位一直没有强大起来,还缺乏走向更广泛的宣传。要有几家核心期刊、重点报纸办成名报名刊,形成一个强大的舆论阵地和职业教育思想有效传播的途径,才会有利于职业教育的改革与发展。

（三）信息网络服务

各级政府部门要真正转变管理职能,增强服务意识。利用现代信息技术手段,实现全方位、全员和全程服务,这样可以节省大量社会成本。目前,许多地区和职业学校已经在职教信息网络建设方面进行了大量探索与实践,教育部职成司和职业技术教育中心研究所在这个基础上,正通过网站的建设和远程教育工程的实施对全国的信息资源进行整合,从而大大提高了信息网络服务的水平。

（四）群众学术团体与中介组织

群众学术团体或中介组织是一种服务性组织,这种自律性组织自我管理,自我约束,在不违背国家法律法规的前提下,通过一定的民主程序协商制定共同遵守的行规行约。加入 WTO 后,我国政府部门的管理职能需要转变,一些职能将分放给社会中介组织来履行。因此,各类行业协会、学会在组织上需要健全,在权利和义务上需要明晰,以在推进某项事业上发挥它应有的作用。由黄炎培先生等人发起成立的中华职业教育社创立于 1917 年,距今已有 104 年,为中国职业教育的发展作出了重要的贡献。中国职业技术教育学会于 1990 年 12 月成立,也成为广大职业教育热心者的群众学术组织。

今后,随着政府管理职能的分化,社会中介组织的作用势必会得到加强。中介组织要在职业教育的常规管理和教学质量认证和评估方面发挥作用。在高等职业教育院校的办学思想、师资队伍建设、课程体系、教学资源、教学管理、教学效果、专业特色、质量保证体系方面加强监督,中国职业教育学会就可以发挥更大作用。像中国机械工业教育协会等行业组织,利用自身的优势,通过提供信息咨询、教育教学资源服务,组织科研活动,加强行业自律、监督,成为政府、市场与学校联系的纽带,成为信息中心。

四、新时期职业教育学科发展的历史任务

职业教育学科建设的目标在于培养学术型、实践型并具有开拓性和创新性的职业教育专家和学科带头人,以使更多的年轻学者有强烈的事业心和自信心,热爱这

份事业，献身这份事业。

（一）加强基础理论建设

在理论建设上，需要有长远的规划和目标设定。根据全国教育科学“十五”规划要点和课题指南确定的研究目标，“十五”期间，我国职业技术教育研究大体在四个领域展开。一是我国职业教育发展趋势和办学模式研究，涉及我国经济体制改革、产业结构和技术结构变化与职业教育发展趋势研究；职业教育发展和改革与地方经济和社会发展紧密结合的研究；中等和高等职业教育办学模式与人才培养研究；职业教育与各级各类教育之间的衔接、沟通机制和相关政策的研究；职业学校实行弹性学制和学分制的研究；行业在职业教育发展中的地位作用的研究等。二是职业教育课程和教学改革研究。这包括职业教育课程模式开发与评价研究；不同专业的整体课程改革与实验研究；加强职业指导和创业教育的研究；社会转型期学生就业观念、职业心理适应性的研究；学生创业精神和创业技能培养的研究；职业教育质量和效益评价研究等。三是职业教育与劳动就业研究。这包括职业教育与劳动力市场相适应的调查和研究；劳动准入制度和政策研究；职业资格证书制度研究等。四是不同区域职业教育发展政策研究。这包括不同地区农村职业教育发展差异的成因研究；不同地区农村职业教育发展的基本战略和政策措施研究；大中城市职业教育的发展对策研究等。除此之外，教育部职业教育与成人教育司还设立了年度滚动性的难点和热点问题研究。地方一些研究院所还根据当地的经济社会发展的实际情况，自行设立课题，开展全方位、多层次的研究。

要注意对职业教育历史经验的挖掘和总结，以科学的理性思维进行系统的提炼和升华，以滋养这个年轻学科的成长。特别是对史料的收集、整理、分析、研究和利用，以形成学科知识基础。系统的职业教育史知识将更有利于人们客观地认识职业教育发展的历史过程，总结和吸取历史的经验和教训，要联系现实的职业教育的发展和改革，联系现实的国情，必将会得到更多的启示和教育。例如，对中国近代实业教育思想以及职业教育制度的研究；对20世纪初，实业教育学习日本，20世纪20年代职业教育学习美国，50年代学习苏联，80年代学习德国，还包括学习其他国家职业教育的一些经验和教训，还需要深入系统的研究。“古为今用”“洋为中用”，不能盲目照搬，只有符合中国国情的才是有价值意义的，才是有现实意义的。

（二）突出综合应用研究

要加强职业教育发展的对策研究，利用现代信息技术和网络技术，建立职业教育发展的动态预警系统。特别是对我国职业教育发展迟缓的原因与背景的分析研究，要实事求是，不回避矛盾和问题，这样才能对症下药，取得实际的效果。2002年3月，教育部做出决定，北京大学、清华大学、北京师范大学、武汉大学、浙江大学、上海交通大学6所高校可以自主设置本科专业，这进一步扩大了高校的办学自主权，也为高校适应社会主义市场经济体制发展的需要，加强学校的专业建设提出了新要求，为学校办出特色提供了新机遇。根据教育部的决定，上述学校也积极行动起来，因校制宜，加强自身的专业建设。武汉大学提出，要大力发展与地方经济建设紧密结合的应用型专业，积极设置面向地方支柱产业、高新技术产业、服务业的学科专业，并积极地开展跨学科设置本科专业的实验试点。教育部对高校在新形势下办学管理模式的改革举措，为职业教育的发展带来了新的生机，为职业教育与高等教育的有机衔接找到了新的结合点。

在应用研究上，为了促进职业教育的长远建设，还必须充分注意加强职业分类和职业规范的研究。这是关系到职业教育发展的基础性和方向性问题。

（三）强化对职业教育价值意义的认识，促进社会共识的形成

重视各种媒体的宣传作用，促进政府对职业教育的强化统筹职能，促进形成广泛的社会共识。职业教育的学科建设目前还没有引起社会的高度重视，教育系统内部认识也不统一，这必然会阻碍职业教育的长远发展。人们还没有充分认识到职业教育的地位以及它对提高人的综合素质、促进人的和谐发展、增强综合国力和民族竞争力的作用。因此，首要的是解决领导的认识问题，解决有法不依、有法不执、执法不严的问题。同时要解决用人制度问题，解决社会成员的长远利益和眼前利益的机制问题，解决社会就业机会的公平问题。

（四）促进与其他相关学科之间的交流与融合，吸收和借鉴其他相关学科的研究成果

职业教育的学科地位决定了它与其他教育学科的天然联系。职业教育的学科内容是人文与科学技术的融合。因此，职业教育学科的发展需要广泛地吸收相关学科的研究成果以及研究方法和研究手段等，以此来丰富和发展自己。

目前，从我国的职业教育研究现状看，科研工作还只是停留在对职业教育现象和行为的描述上，对其他相关学科研究成果和研究方法的引进不够，渗透、融合和迁移不够。学科教学、学术研究脱离社会实际的情况还大量存在。在教育学领域，职业教育还不被重视，通常被认为是二流或三流学科，是一个还不成熟、还在发展的年轻

学科，这更需要广泛吸收其他学科发展的经验和已有研究成果。学科自身除了有一支综合素质高、责任心和事业心强的科研教学队伍外，同时，还需要吸收不同知识背景、不同学术背景的人合作研究职业教育问题。要认真研究专业教育与职业教育的结合与统一问题，从学科发展的机制上解决问题。

（五）要创造条件增强职业教育学科自身的凝聚力和自信心，完善职业教育的中高职衔接的发展体系

要完善职业教育的中高职教育的衔接发展体系，使职业教育由过去的终结性教育转变成为形成性教育，使每个接受职业教育的学生，在自身发展空间上留有充分的余地，适应国家经济和社会发展的需要。要重点研究高等职业教育和社区学院的建设问题。在国外，职业教育的实施主要依赖于社区学院和专门的职业学校，职业教育的地位并未受到社会的轻视。它比较灵活地适应了人的个性发展需要，为不同群体、不同阶层提供服务，是很受欢迎的一种教育形式。

职业教育学科建设是高等职业技术院校的基本建设。它是高等职业技术院校学术水平、科研能力和教学水平的标志和体现。高等职业技术院校也同样面临着教学与科研两大任务，一方面要出人才；另一方面，要出科研成果。因为高等院校是知识创新、科技创新和思想文化观念创新的基地和源头，它有繁荣学术的历史责任。进入21世纪，我国也应该学习韩国的经验，要建设一个机构合理的职业教育动态体系。韩国的职业高中、二年制专科大学、四年制产业制大学和职业研究生教育形成了纵向衔接关系。职业高中毕业生可升入专科大学，也可直接升入产业大学；专科大学毕业可升入产业大学三年级继续学习；产业大学毕业生还可接受研究生教育。各级职业教育课程相互衔接，承认学分积累。职业学校毕业生的选择是多渠道的，职业教育体系是开放式的。

（六）解放思想，转变观念，主动适应市场经济发展的需要

重视总结我国不同地区职业教育发展的经验，学科发展在于制度的不断创新。国家在职业教育制度建设上，必须强化职业资格证书制度。学历与能力并重。职业教育要造就中国的发明创造专家，要培养高级技术人才。要有相关的政策保障，以使搞技术的人与学术型人才的社会地位以及待遇相等。社会平均收益率在无形之中决定着人们的选择。职业教育如果继续沿袭传统的产业分工训练的模式，是很难再找到就业市场的。因此，加快教学领域的改革势在必行。要突破以往的教学定势，采用“宽基础，活模块”教学模式，积极开展研究性学习，要突出职业教育职业性、通用性、

适应性和创业性的特点。要善于利用新的教育技术,缩短教学方式的置换周期,不断提高人才培养的效率和质量。

（七）结合中国的实际，研究和引进国外职业教育学科发展的经验

职业教育的发展要继续加强国际合作。21世纪的中国已经成为世界贸易组织的成员，服务贸易的条款已经为我们走向世界提供了平等竞争的机遇。引进是为了创新。符合国际标准,引进质量认证体系,因势利导,趋利避害,扩大开放,依法办学,规范管理,促进发展。从20世纪80年代开始,在职业教育领域,德国“双元制”职业教育模式的引入和推广，已起到了我国与国外交流合作的示范作用。德国技术合作公司与汉斯·赛德尔基金会在我国上海、辽宁、山东、江苏等地的合作，为我们提供了先期的经验。西方国家的职业教育已有几百年的历史，已形成了一套比较系统和完整的结构合理、符合市场经济发展以及社会成员自身发展需要的职业教育和培训制度。像英国的职业资格认证制度等,我们都需要结合自己的国情,不断引进、消化、吸收他们的经验和教训，并在此基础上加以发展和创新，为我国的社会主义市场经济的发展服务。2002年4月,北京率先启动了与澳大利亚教育国际开发署合作的“职业教育项目培训计划”，北京市商业学校等12所学校成为首批合作办学项目参加学校,这也使中国职业教育与国际职业教育的合作拓展了新的领域。我们相信,今后的合作与交流将会是更广泛和更有效的。

第五节　国外职业教育的比较借鉴

一、职业教育法制化

从我国职业教育目前的情况来看,法制化的进程还比较慢。虽然《中华人民共和国职业教育法》已于1996年颁布实施，但如果仅有这样一部基础性的职业教育法律文件，而没有一系列与其相配套的地方法、行业法、部门法和单行法,《职业教育法》的精神是很难在具体的职业教育活动中得到贯彻执行的。例如《职业教育法》中仅有诸如“企业应当根据本单位的实际，有计划地对本单位的职工和准备录用的人实施职业教育”这样一些原则性的规定，而企业究竟应当如何开展职业教育并对此享有哪些权利、负有什么责任和义务、违者将受到怎样的处罚之类，在这样一部基本法中是不可能作出详细规定的。于是面对市场经济大潮的冲击，不少企业的经营管理者只着眼于近期效益而不愿为人力资源开发付出其应有的投入，原有的职业教育机

构则成为企业转制改革中被“剥离”的首选。

纵观发达国家的职业教育法律法规体系都十分完整，各类法律文件的种类、规格都能做到齐全、配套、有指标、可操作。更重要的是，立法之后还要借助国家机器的力量保证其付诸实施，否则制定得再完备的法律文件也只能是“空中楼阁”。当然，我国职业教育牵涉的方面很多，所以职业教育法规要调整的关系也比较多，而有些内容属于授权性规范调整的对象，执行时有较大的裁量余地，有些条文甚至只能是一些期望性的规定内容，这些内容一般是通过协商或指导的办法来实现的。对此人们往往会产生这样的误解，总觉得刑法一类的法规是“硬”的，而职业教育法规则是“软”的，执行不执行关系不大，不执行者要承担的责任也不大。这种看法是同法规的强制性要求相悖的，因为法规中的那些期待性规定同样也是一种规范，是人们必须努力去实现的愿望，同样是不能违背的。在当今世界上，法律主义已成为现代社会的基本要求，许多国家都很注意加强对有关行政机关执行职业教育法规的情况进行监督，而行政机关也要对其所辖范围内执行职业教育法规的情况采取监督措施。从这个意义上讲，我国要真正实现职业教育的法制化，还有很长的路要走。

二、质量规范化

我国的职业教育在21世纪正面临着新的挑战，这就是经济社会快速变化和就业结构调整要求提高职业教育的质量和效益。首先，经济全球化趋势使我国技能型和技术型人才的培养面临前所未有的紧迫感，尤其是加入WTO后，在缺少国家政策保护下参与国际市场竞争，产品的质量成为核心，人才则成为关键。其次，科学技术的快速发展对劳动者的综合素质提出了新的要求，特别是信息技术的日新月异，传统的以稳定职业为对象而偏重专业技能的职业教育已经不能适应新的发展要求。再次，产业结构的变化与就业结构的调整，使原有职业教育的专业设置在一定程度上形成了与就业之间的结构错位，一些新的产业和技术领域缺乏培训传统和培训职业，职业教育的课程设置与教学内容明显落后于职业岗位的技能发展需要。20世纪90年代后期以来，我国中等职业教育规模发展呈现疲态，数量滑坡，毕业生就业状况不佳，其重要的原因就在于长期以来缺乏规范统一的职业教育质量标准，质量监控和评价机制落后。

在市场经济条件下，优胜劣汰、适者生存是普遍的规律，低质量的职业教育被无情地淘汰是不以人们意志为转移的。发达国家的职业教育之所以能够对社会大众具有吸引力，其根本原因就在于它们坚持严格的质量标准，适应了市场的实际需要，培养出来的人才就业率高、竞争力强。目前，国际上能够得到公认和通行的教育标准和职业资格标准通常是由发达国家制定的，而我国的职业教育在这样的“发达国家标准”规则中运行就明显处于劣势地位，职业教育的质量标准得不到国际上的认可。而我国进入 WTO 后，发达国家要占领中国教育市场，首先占领的就是职业教育市场，这就迫使我们建立新的技能标准和职业资格标准，构建国际化的职业教育质量认证和管理制度，以应对国际竞争的需要。这样既有助于规范我国的劳动力市场，也使得职业教育课程和教学内容的改革有目标可循，有利于规范教学和提高有效性，有助于国际社会认同我国职业教育的水平、质量和层次。这同时也是职业教育满足社会认可度的迫切需要。

三、层次高移化

处于工程型人才与技能型人才之间的技术型人才，在国外往往称之为“中间人才”。培养此类人才的教育层次高移至高等教育，是一个国际范围内的规律性现象，其动因正是社会职业岗位的变化。首先，由于高科技的广泛应用产生了许多与高新技术直接有关的职业岗位；其次，第三产业的蓬勃发展使社会职业岗位分布出现倾斜，产生了一系列新的职业岗位；其三，原有的职业岗位出现了既有分化又有复合的现象，产生了不少知能结构呈复合特征的职业岗位，而这种复合既有技术之间的复合，也有技术与技能之间的复合。由于以上这些岗位的技术含量和智能水平都比较高，其从业人员的培养就已不再是中等职业教育所能够承担的了。

职业岗位在技术水平上的分化，一方面是岗位技术幅度的增大，另一方面是岗位技术层次的高移，进而促使教育层次的高移；而职业岗位的复合也必然会导致岗位技术成分的提升和劳动内涵的丰富，同样必定也促进这些职业岗位的教育层次高移。这样，由于社会职业岗位的变动，使职业教育由中等教育层次高移到高等教育层次，由此产生了高等职业教育。近半个世纪以来，由于世界上各发达国家和地区均对发展高等职业教育十分重视，形成了一套明显区别于培养学术型和工程型人才的普通高等教育的学制模式。我国的高等职业教育起步的时间还不长，但近年来却由于种种原因规模数量上出现了超常规的大发展，而广大职业技术院校对此还准备不足、认识不深，因此普遍标准不高、创新不够，迫切需要借鉴发达国家和地区的成功经验，采取积极有效的措施支持和推动高等职业教育的可持续发展。

四、体系完善化

职业教育是否应与普通教育一样有自己相对独立的完整体系，这个问题目前在我国认识还不尽一致。对此，可以借用一种能够在国际上得到较为普遍公认的标准来从学制角度帮助我们研究，这就是联合国教科文组织的“国际教育标准分类”。它自1976年公布以来，对于明确各级各类教育在整个教育体系中的定位和各自特征，便于国际比较和交流，均显示出其独特的价值，已得到了许多国家的认可。

五、模式多元化

发达国家的职业教育模式是多种多样的，一个国家可以同时存在几种不同的体制模式、办学模式、管理模式、课程模式和教学模式。各种模式虽有主次之分，但彼此能够协调、相互补充。而各种模式均有其各自的支持系统，保证了其运转的灵活性。客观地分析，诸种模式均有其优势也有其弱势，都有一定的适用范围和适用条件。综合各国发展职业教育的经验，结合我国地广人多差异性大的国情，我们认为今后我国职业教育发展不宜单一地采取某一种特定的模式，而应当允许多种模式的自由存在，实现多元并存、多元互补、多元整合的局面。事实上自改革开放以来，我国职业教育界已经引进了许多国外先进的职业教育模式，“双元制”、CBE、MES等都在我国有着较为广泛的实验基础，今后的首要问题是在这些模式实验的基础上，开发出我们自己的具有地方（或行业）特点、中国特色、时代特征的新型职业教育模式。

在模式的开发创新方面，政府必须与企业和其他社会阶层紧密联合，努力排除文化与思想传统的负面影响，利用各种催生动力和压力，建构合理的人才培养模式。如在课程模式的创新上，首先要考虑制定合乎国际标准的教学大纲和教材，结合行业和企业的要求来确定课程的标准，并与当前的企业实际联系起来；其次，必须重视实验设备和实习基地的建设，培养学生实际的关键能力，否则不仅仅是职业教育教学的失败，而且也会影响劳动力市场人才供给的质量，影响毕业生的就业安置，影响或耽误企业合理吸纳和补充新生力量；再次，必须重视学生创造性思维、创造性学习和创造性劳动的方式和习惯，即形成创新能力。总之，认真研究发达国家的职业教育模式经验，客观地认识其优势与不足，结合我国国情吸取其精华部分，形成一种“多元整合”的新模式，这将是适应多元、多变的高技术发展的知识经济时代的一种上策。

六、发展人本化

未来的职业教育体系将是一个开放的、充分柔性化并具有灵活性的体系。以往某级某类教育都要考虑专门针对一定的年龄段，而现在要变封闭的体系为开放的体系，课程必然要做出改变以适应之。职业教育的目的并不仅仅是谋生就业，而是现代社会人们成长的必由之路，因此职业教育必须面向受教育者的整个职业生涯，而不是单纯为某一时段作就业前准备的职业培训，这样以往单一模式的课程开发必将被淘汰。20 世纪 80 年代提出的教育必须以人为中心的思想是 20 世纪教育体系第三次大的改革，这在近年来越来越受到人们广泛的重视，1999 年世界技术和职业教育大会上提出了“全民的技术和职业教育”的口号，指出职业教育应面向所有的人，面向各类人群，强调接受职业教育是基本人权。而在我国，人们至今仍将接受职业教育（包括高等职业教育）看作是考不上大学者“无奈的选择”，这种观念上的差距可谓是天壤之别。因此，我们必须突破国内理论上的禁区，旗帜鲜明地提出职业教育“以人为本”的思想，在坚持强调人的全面发展的同时，积极促进人的自由发展和长远发展。

从国际发展潮流看，树立终身教育（终身学习）的观念，在进行课程设计时必须考虑到这一需要。过去我们往往将职业教育仅理解为就业前的学校教育，现在必须要扩展到将工作与学习有机联系起来的终身教育领域，不但要考虑学历教育还要考虑职业培训，这就是联合国教科文组织建议将 TVE（职业技术教育）改为 TVET（职业技术教育与培训）的原因之所在。因此我们对职业教育应作再定位，使其成为终身教育的重要组成部分，成为培养人的重要途径。而由于个体和个性发展的问题得到强调，个性化的要求必然导致多样化的教育内容和教育形式。事实上，未来教育体系的多样化趋势，正是为了适应千变万化的人的发展需求。如何在职业教育领域实施学分制和选课制、进行录取和考试制度改革、改变以学历代替能力的人才评价标准等，将是我们突破的重点。

需要说明的是，我们强调“以人为本”，并非要否定以能力培养为基础、以社会需要为导向的职业教育特征。这里涉及对职业能力观的理解，我们认为对现代职业教育而言应采用广义的、整合的能力观，即包括关键能力、创新能力、适应能力（含可持续学习的能力）等非技术性的能力在内，不能简单地搬用传统职业技能培训的要求。提出职业教育发展要突出以人为本的观念，并不是要简单地否定以能力为本、以社会为本，而是为了及时地跟上国际性的时代发展潮流，为我国职业教育的改革提供一个新的视角。面临 21 世纪的挑战，人的素质要适应面向世界、面向未来的可持续发展的要求，教育便成为最重要的前提，我们的职业教育决不能仅仅局限于就业技能培训，而应对其内容进行大力改革，加强对受教育者综合能力的培养，包括接受再培训的能力、非技能性的能力、作为企业家的创业能力、社会文化和外语交际能力等，以适应科技发展、劳动力和资本流动的经济全球化客观要求。

第二章 职业教育学

第一节 职业教育与社会

职业教育的发展与社会发展的历史阶段是相适应的。从当前较为流行的社会变迁理论的角度而言，我们可以将人类社会划分为三种类型，即农业、工业和知识社会。由于职业教育本身与社会经济发展的基本模式密切相关，社会类型相同，即便是不同的社会发展阶段，也具有一些共同的特征。

一、农业社会的职业教育

（一）农业社会职业教育的发展状况

职业教育在农业社会的起源和发展与社会分工及其专业化的不断加剧密切相关。今天看来，在农业社会中可以称为职业教育的形式主要包括两部分。

1. 由正规学校教育系统承担的为从事某种职业做准备的教育

由正规学校教育系统承担的为从事某种职业做准备的教育并不是农业社会职业教育的主体，而且它也具有明显的人文教育色彩。无论中外，在农业社会都存在培养上层社会人士，包括统治集团成员的职业教育，主要在正规的学校教育系统中进行。在我国奴隶社会，存在世袭制度的职官教育，称为畴人之学；在秦代官府中有“学室”作为训练吏员的机构；从魏晋南北朝之后，历经隋唐宋元明清，在培养官吏的官学中出现了大量专科学校，包括书学、算学、律学、医学等，其职业性教育的意味更为浓厚。

在西方，早期的职业教育是指对“自由的职业”，即传统意义上的法律、教会、医疗和军事服务等职业进行的教育。如在古罗马，先后出现了大量的承担律师教育、医学教育和哲学家教育的正规学校和私立学校。在欧洲的封建社会即中世纪时期兴起的大学，其最初的基本目的也是进行“职业训练”。

2. 以非正规的教育方式进行的农业、商业和手工业者的技术教育

以非正规的教育方式进行的农业、商业和手工业者的技术教育是农业社会职业

教育最主要的形式。在我国古代，对于农业技术的传播与发展，主要通过劝课农桑的教育活动，这种形式的技术教育从商周时期的奴隶社会即已开始，在整个封建社会时期得到了广泛的发展，成为历代社会教化的重要内容，极大地推动了我国农业科技的发展。对于手工业工人的培养，在我国古代主要通过艺徒训练制度，这种制度产生于商周时期，到唐朝形成为制度，在宫廷作坊、官营作坊中都形成了艺徒制，并且形成与手工业发展程度相适应的艺徒训练方法，这种制度一直延续到我国封建社会结束。同时，在我国古代民间也存在类似于西方学徒制的职业教育模式。

如前面所述，在西方农业社会，进行技术传播的非正规教育主要是学徒制度。这种制度在欧洲具有久远的历史，并且成为封建社会时期培养技术人员的核心制度，在14世纪到15世纪达到极盛，并且从私人性质的制度过渡到公共性质的制度，被行会控制。到中世纪末期，随着商业、手工业、航海业的发展，才出现了一些职业学校。属于初等教育层次的是商业学校和行会学校，学习简单的读、写、算和一些与商会业务及与行会业务有关的知识；在欧洲最早出现的中等层次的职业学校则是航海学校。

（二）农业社会职业教育的发展特点

总体而言，农业社会的职业教育因国家、民族、地域的不同存在很大的差别。但是仍然可以找到一些共同的特点，其表现形式主要有以下三点。

（1）职业教育具有身份象征意义，体现出鲜明的等级性。职业和技术教育在农业社会的总体地位非常低下，严格说来，在正规的学校教育系统中根本没有真正意义上的职业教育。这本身就表明对于这种培养社会劳动力的教育门类的歧视。即便在所谓的带有职业教育色彩的培养上层社会各级职业人士的那些学校教育中，也存在着较为严格的等级性。

（2）科学技术教育的内容不被正规学校教育的课程体系所重视与吸纳。农业社会教育体制主要在于维护政治伦理制度的合法性，对科学技术的发展既没有社会需求，也没有自觉意识。因此科学技术教育的内容长期在正规教育的课程体系中没有任何地位。

（3）艺徒制或学徒制职业教育体现出对技术的保护和垄断特点。由于农业社会中手工业生产的主要场所在家庭中，因此，技术教育则表现为技术的行会或家族垄断。

二、工业社会的职业教育

从农业社会向工业社会的转化与过渡是人类社会逐步实现现代化的过程。工业社会的来临，使人类社会生活的各个方面都发生了划时代的变化，这些变化对职业教育的发展提出了新的要求，促使人们开始从理论上研究和分析职业教育与社会政治、经济、科学技术等方面的关系，并且不断建立和完善职业教育理论。与此同时，人们不断地意识到职业教育所面临的社会要求与挑战，并且建立了适应工业社会发展的职业教育制度和模式。

（一）工业社会职业教育的发展与变革

在工业革命之前，逐渐发展壮大的资本主义经济对教育提出切实的变革要求。科技知识和经济生活的需要逐渐渗入到学校教育中，形成所谓的“实科教育”。实科教育注重讲授实际生活和经济生产所必需的实用知识，主要是适应工商业阶级的实际要求。在工业革命爆发的最初时期，职业教育与工业革命的关系并不密切，甚至最初的工业革命导致了职业教育的倒退。

工业革命带来了社会经济生活领域的重大变革，这对于教育来说无疑提出了变革的要求。

（1）工业社会的到来将生产从家庭转移到工厂，从手工工艺转化为动力机械大生产。生产工序和技术的复杂化，使机械工人只能熟悉和掌握机械生产全部过程中的某个片断。而企业主不再如同行会的师傅那样负有使其雇员受到教育的责任。

（2）工业革命也促使大批职业出现，早期仅仅被看作谋生手段的工作，开始作为一种受到人们充分重视的、需要专门训练的职业了。职业在社会中地位的转变直接导致社会职业观念的转型，人们开始关心职业地位，认可劳动者在社会中的贡献，并且从国家政治观念中重视职业及其从业者，同时开始考虑如何通过职业和工业教育培养和培训劳动力。

（3）工业革命的发展推动了科学技术与教育的联姻。到大机器生产成为社会生产模式的主流之后，以实施技术和科学知识教育为主的学校制度得以迅速发展，并逐渐成为教育的主要组成部分。从 18 世纪中叶的产业革命到 19 世纪中叶，科技教育在欧美各主要工业国家发展起来，基本特征是新型的工业技术学院（校）迅速发展以及对传统大学的改造。传播自然科学知识的技术教育开始受到全社会的重视，这对职业教育的影响极其深远。基于上述变化，职业教育出现了革新与调整。首先，各国普遍设立职业技术学校。从文艺复兴之后，就不断有思想家提出建立以技术教育为目的的学校教育系统，这种理论思潮在 16 世纪到 17 世纪极其盛行，到 17 世纪初转化为实践，即德国出现了近代最早的职业学校，并且最终被列为王室的教育设施。其次，在 18 世纪末及 19 世纪初、中叶，职业教育逐渐学校化。法国、德国、英国、美国等资本主义国家都先后建立起职业教育的学校制度，职业教育开始逐渐进入到学校的课程体系中，各国开始较为系统地培养技术人才。

进入20世纪后，两次世界大战极大地推动了职业教育的发展，使职业教育的社会功能得到充分地展现。时至今日，几乎所有国家，无论发达国家或发展中国家，都通过学校等机构实施系统的职业教育和职业培训，为多种类型的社会个体提供进入劳动力市场的可能性，以及在劳动力市场中进一步发展的机会。

（二）工业社会职业教育的主要特点

1. 职业教育的学校化，表现为从双轨教育制度中的独立一轨逐渐与普通教育相融合

职业教育的学校化历程在最初阶段，即在资本主义制度建立之初，形成为双轨制中的独立一轨，面向普通劳动人民的子弟，起点为普通义务教育的公立学校，终点为中等职业技术学校。因此，工业社会早期的职业教育与普通教育之间截然划分，彼此互不沟通。

二战后，普通教育与职业教育的脱节成为一个重要的社会问题，不仅表现在教育机会不均等的问题上，更加表现为现代劳动力的培养必须建立在扎实的基础教育之上。可以说，美国率先兴起的“生计教育”运动便是针对这一问题所发起的，“生计教育是企图使普通教育（重在养成一定的价值观）、学理（一作“学术”）教育（重在继续深造的工具性学科的学习）、职业教育（重在实践技能的训练）融汇成一体的一种努力，这反映了时代的某种需要。随着现代科学技术进步，养成一技之长一艺之巧的那种职业训练变得过时了。教育上搞了两千年的“自由”与“职业”教育的划分渐渐在泯除。

由此，职业教育普通化，普通教育职业化的趋势大大加强。这种趋势不仅在美国出现，其他资本主义国家也相继采取措施，推动这一进程的发展。并且成为20世纪后半期发达资本主义国家职业教育改革与发展的重要目标和导向，也成为世界职业教育发展的趋势。

2. 职业教育的理论化，表现为从关注社会效率向关注个体的全面发展演进

工业社会的初期，人们只是把职业教育看成是用来传授技能与手艺的教育，由于新技术的推广和运用，工业模式的不断变革，职业结构和劳务市场的重要变化，使职业教育涉及的范围越来越广，包括的行业也越来越多。工业社会的种种变化对职业教育的新要求不断地反映在职业教育理论的变化上。

工业社会中，许多教育理论家就已经开始有意识地研究和探讨职业教育的基本

理论，并且有许多学者提出了很多适应当时社会发展的职业教育理论。以美国为例，在 20 世纪初，一些重要的职业教育理论家如布鲁索、史奈登等学者，从“社会效率”的角度来研究和审视职业教育，认为职业教育的功能在于促进社会的发展，个体发展要服从于社会发展，培养其一技之长将对社会的发展起到极大的推动作用，这些思想促成美国重要的职业教育法案《史密斯 - 休斯法》的颁布，并且长期作为美国职业教育的重要指导思想和国际职业教育的理论基础。当然这种思想在产生之初，即受到质疑和批判，杜威即反对此种职业教育思想，他指出：“就是有一种危险，把职业教育在理论和实践方面解释为工艺教育，作为获得将来专门职业的技术效率的手段。”在他看来，这是一种妨碍社会发展和个体发展的教育，尤其在现代民主社会中这是一种反民主的教育思想。在当代，国际职业教育理论界也不断对这些观念进行反省，并且形成新的共识，认为“现代的观念理所当然地认为，职业教育项目不能准确地对应某个特定工作进行设计。劳动力市场动态的和变化着的需求对思维能力越来越多地替代体力技能提出了要求，因此，职业教育计划应该人文化和宽基础化，以提高适应性，拓宽就业机会，提高教育和职业的能动性”。因此，现代职业教育的理论开始摆脱狭窄的理论视野，更多地兼顾人文教育与公民教育，并为个体终生学习和可持续发展尽可能地创造条件。

3. 职业教育的实践体系主要体现为以能力为本的职业教育课程体系

工业社会的职业教育实践以“能力为本”为其基本特征。可以说，在整个 20 世纪，职业教育植根于行为主义，依据对个体心理和学习结果的分析只能依赖于对其可证实的行为进行观察的理论，提出并确立了“能力为本”的教学观念和实践模式，世界各国职业教育的改革与发展无不以此为准则。此种教学观主张要对职业和工作环境中所需能力进行归纳总结并分析细化，使其成为课程和教学的目标单元。因此，个体的学习结果相当明确。而且为了能够准确判断此种结果是否达到，明晰的评价标准得以确定。在理论上，这种基于行为主义的教学观似乎克服了手与脑、理论与实践、普通教育与职业教育之间的分离，但在实践中，这种职业教育和培训出现重目标定向而轻持续发展、重技能形成而轻思维发展、重特定技能而轻一般技能、重职业定向而轻职业养成、重经验性而轻情境性等倾向。因此，这种职业教育模式从其开始之初便受到批判。

三、知识社会的职业教育

20 世纪 80 年代末 90 年代初，世界经济合作与发展组织（OECD）先后公布了三次报告，指出当代教育面临着“新经济时代”即“知识经济”的挑战，人类正处在进入知识社会的进程中。当然,知识社会与知识经济之间还有很大差异,知识经济更多地体现了经济领域的发展。从体现21世纪社会发展的基本特征来说,知识社会的内涵比知识经济更为广阔、更为准确。

知识能促进社会和经济的转型与变迁,进而通向一个以知识为基础的社会。从狭义上说,知识社会是以知识为基础的社会,知识的生产、传播和应用成为人类活动各方面的组织规则。在知识社会中,知识的生产、传播、吸收和创新渗入到社会各个领域,并成了最为主要的活动,决定人类社会的表现形态;国家、事业、行业领域的发展都要以知识为核心进行,知识的发展成为社会发展的主要动力;人类的日常生活进入一个以消费知识为特点的新阶段;知识的发展与其要求社会制度、社会发展相应跟进、协调之间的障碍和矛盾成为人类社会发展的基本矛盾。从广义上说,知识社会是更为进步的社会,其特点在社会各个方面将进一步表现出来。

伴随着知识社会形态的发展,知识经济也在不断发展。我们知道,工业经济成长所依赖的是资金、土地、人力、经营者的理念,但在知识经济产业中,知识成为产业经营中最大、最关键的投资。

"知识社会"和"知识经济"的快速发展,正在创造新的以"知识"为本的职业和工作群,并且需求"知识"从业者,他们工作的核心特征在于对知识的创造和控制,其任务并非简单的物质生产或普通服务,而是运用知识去设计、创新并高效地生产和改造产品。这就要求职业教育必须适应这种社会和经济发展的需要,应当具备以下几个特点。

(一)知识社会要求职业教育的目标是使学生学会终生可持续学习

知识社会和知识经济发展到今天,人们已经可以看到,社会职业对从业者的要求发生了重要的变化。任何想获得某种工作并且在其中得到持续提升和进步的从业者,不仅要具备该种工作所需的特定知识和技能,而且更要具备高度有序的思维水平、解决问题的能力、与他人合作的心态与技巧、在工作中基于组织和社会技术资源不断更新知识和技术的自我发展习惯与能力。

在这种情况下,职业教育必须打破仅提供某种特定知识和技能以为未来的工作做准备的理念和实践模式,进而必须进行教育教学改革,提供给学生适应工作动态发展的知识和技能体系,其中学生自主学习和持续建构知识的能力最为重要,即要让学生"学会学习",赋予学生"获得知识的能力"。职业教育的培养目标也应当倾向于培养学生自我导向的学习能力,教学任务也不止于形成学生的一技之长,更重要的是推动其自我终生的知识建构,唯此方能适应当代知识社会和经济对人力资源的要求。

（二）知识社会要求职业教育培养创新型、专业化的技能型人才

管理大师德鲁克认为，知识社会的知识与早期社会所认为的知识有本质上的差异，知识社会的知识仅存于应用之中。应用中的知识，从定义上看，是高度专门化的，因此，知识社会最重要的劳动力是高度专业化的人才。职业教育过去一直以培育专门的技术人才为目的，强调专业与应用。这在一定历史时期是完全正确的。随着知识社会和知识经济渗透到现代历史进程中，产业所需的却是逐渐倾向于以知识为背景的专业化人才，它要求职业教育提供给学生学习宽广的基础知识和专精的专业知识。职业教育不仅要关注培养各类“技术”型人才，更加着力培育“知识型”的技术人才。我们认为所谓高素质技能型人才，其内涵应当就是知识型的技术人才。

总之，知识社会职业教育的发展需要适应社会发展的新需要，而且必须以学习心理学最新的理论为基础，还要始终考虑到社会与个人的可持续发展这一科学要求。

综上所述，从社会发展的长时段来考察职业教育，人们可以看到，职业教育具有明显的时代特征。当前，职业教育成为推进社会发展与进步的重要教育类型，其改革与发展也日益成为教育改革中的重头戏。我们必须把握住职业教育发展的时代特征，使其在国家现代化进程中发挥重要作用。

第二节　职业教育与经济

对职业教育与社会经济发展的分析，首先应当探究职业教育与几个经济因素之间的关系。一方面职业教育要受制于经济因素及其发展规律的制约与影响；另一方面职业教育又要回应经济需求，以积极地推动经济的发展和进步。我们拟从与职业教育密切相关的社会分工、经济结构、技术进步三个方面来探讨职业教育与经济之间的规律性联系。

一、职业教育与社会分工

社会分工是指社会经济活动中的劳动分工，是对社会经济活动中的不同部门，以及生产中的不同工序配置不同的劳动力，实行分工协作，提高劳动生产率。社会分工就其内容来说包含两个方面：其一是劳动本身的划分，即统一的劳动过程分解为不同的部分，这是分工的客体方面；其二是劳动者的划分，即劳动者分解为不同的部分，在一定程度上稳定地固定在不同的劳动活动中，这是分工的主体方面。一切分工

都是主体与客体两个方面的统一体。

社会分工可以分为两大类。一是自然分工,根据生理特点从性别、年龄的差别实行的劳动分工,如在原始社会氏族内部出现的妇女和儿童进行采集、壮年男子进行打猎的分工。二是社会分工,根据大规模的社会生产活动需要进行的分工,即把社会生产划分为不同的产业部门,如工业部门、农业部门,或称第一次产业部门、第二次产业部门等称一般分工;把工业分为轻工业、重工业,以及把农业分为种植业、畜牧业等称为特殊分工。一般地说,分工推动着生产和社会的发展,生产和社会的发展又使分工改变着形式。社会分工是人类特有的社会现象,生产力这个人类社会最革命、最活跃的因素,正是通过社会分工转化为渗透社会一切方面的巨大推动力,从而促进社会的进步与发展。考察人类社会的分工与职业教育的发展之间的关系,人们可以发现至少体现在以下几个方面。

(一)社会分工的产生与发展推动职业教育的产生、发展和专门化

职业教育为进入职业领域的个体做准备,因此,只有社会职业产生之后,职业教育才可能产生。而职业的产生是分工的结果,因此,职业也是社会分工和生产力发达程度的重要标志。职业不是从来就有的,也不会永远不变,它随着社会分工的变化而改变。

在原始社会,人们的劳动能力很低,分工主要是性别分工,还不是社会分工,因而谈不到职业,也无所谓职业教育。到原始社会末期及进入奴隶社会以后,出现了农业与畜牧业、手工业及商业的社会大分工,商品交换逐步发展,随后的脑力劳动与体力劳动的分工,使奴隶社会和封建社会中的社会分工和职业分化,无论中外都有非常大的发展。社会分工的加剧分化使职业教育在奴隶社会和封建社会得以发展,既有培养政府官吏、自由职业(如律师、医生)的职业教育,也有培养手工业艺人的学徒制教育。但是前者融合于以政治伦理教化为目的的国家教育系统中,后者则隶属于家庭、作坊或行会,都反映出当时职业教育的非独立性和非制度化。

到了近代社会,人类的社会分工进入到一个新的阶段,由于科学技术和社会经济的发展,人类在这个时期的分工先后经历了工场手工业阶段、机械大工业阶段和生产自动化阶段。

第一阶段,工场手工业分工具有两个基本特征:其一,劳动过程的划分不是根据科学的原则进行分解,而是根据劳动者过去积累起来的现成技艺和经验;其二,劳动过程的划分同劳动者的划分直接同一,“每一个工人都是适合于从事一种局部职能,他的劳动变成了终身从事这种局部职能的器官”。这种分工只不过是扩大化了的作

坊手工业分工。

第二阶段,机械大工业阶段的社会分工是基于机械大工业的生产方式,机器是劳动的主体,所以,生产过程的划分是根据生产过程的工艺性质而不是根据劳动者的经验和技艺。分工的原则是要劳动者适应生产过程的工艺划分,而不是让生产过程的工艺分解适应劳动者的技艺或经验。此外,机械大工业阶段社会产业部门的分离日益加剧,工业、农业、商业的分离非常明确,彼此之间有着一套确定的生产工艺和技术。

第三阶段,生产自动化阶段的社会分工。一方面,由于科技进步和劳动生产率不断提升,使新兴产业和部门日益增加,导致新的职业不断涌现,使社会分工的规模不断扩大化。另一方面,产业部门的分工日益向专业化的方向发展,在同一产业领域中日益分裂出越来越多的独立部门,这种趋势造成社会分工日益细微化和精专化,对于从业者个人在道德、专业、科学技术、能力方面的要求越来越专业化。

与近代以来的社会分工趋势相一致,社会中的职业也不断发展。职业的结构总是与社会生产力结构和技术结构协调,随着某些老职业退出历史舞台,一大批新职业不断产生,并且代表着社会发展的新要求,反映出新技术、新产业、新生产力和新社会关系,归根结底反映出社会分工的变化。近代以来社会分工导致职业具有了独立的专业化的特征,职业流动的机会非常多,职业等级观念渐趋消失。各种职业提供的服务在市场上互相竞争,因此职业价值的取向是市场。

与社会分工及职业发展的规律相一致,近代以来工业社会中的职业教育逐渐走向独立化与制度化,职业教育进入学校教育的课程体系当中,并且与职业分工的门类和技术结构相适应,分化出系统的专业设置和层次结构。职业教育随着社会分工的扩大化,其规模不断加大,甚至出现"普通教育职业化、职业教育普通化"的倾向,职业教育不再被理解为某类群体所应当接受的具备"一技之长"的教育,而成为现代人所必须接受的"生涯教育"。而且职业教育的专业性不断增加,对职业教育的理论研究也越来越重要。这都表明,职业教育随着社会分工的发展而发展变化。

(二)职业教育由服务于"自发"的社会分工走向推动形成"自主"的社会分工

"自发"社会分工阶段:人类的分工为原始的自然分工,即按主体生理差别来划分的分工形式,此时期不存在职业教育。

从奴隶社会到资本主义社会,分工形式通常称为旧式分工。马克思和恩格斯曾形象地描绘过旧式分工中劳动分工长期的稳定性特征,他们说:"当分工出现之后,每个人就有了自己特定的活动范围，这个范围是强加于他的，他不能超出这个范围：他是一个猎人、渔夫或牧人，或者是一个批判的批判者，只要他不想失去生活资料，他就始终应该是这样的人。”而且在这种分工中，人是被动的、不自主的、不自由的。因此，这种分工可以被称为“自发”的社会分工。这样一来，在前资本主义社会，职业位置主要通过直接继承而来，子承父业是普遍的现象。甚至在资本主义社会的早期，在劳动力基于不同的技术和教育进行分工之前，阶级结构的复制也完全通过资产阶级后代对物质资本的继承来完成。在这种历史背景中，职业教育处于国家教育系统之外，不被正规的学校课程所接纳，并且与家庭、作坊或行会的生产劳动融合在一起，培养社会下层劳动者，具有鲜明的阶级性和等级性。

但随着社会进步，在现代和当代社会，社会分工上的差异越来越由个体自身能力及其所接受的教育水平来加以区分，而不再主要取决于出身。与此同时，个体的地位、收入也逐渐地越来越依赖于个体在社会分工中职业或工作系统中的位置，而这个位置与个体接受学校教育年限数和所获得的教育证书相联系起来。当代学校教育不断增加的重要性就表现为作为一种机制去分配个体进入到阶级结构中，并在合法化阶级结构中起到重要作用。在这种历史背景下，学校教育对社会分工有着重要的影响，而职业教育长期以来并没有取得与普通教育尤其是学术教育同等的地位，并且成为接收那些无法进入学术教育系统的学生的轨道，从而使职业教育系统中的毕业生在社会分工中处于社会的下层。这也是职业教育长期以来为人所诟病的重要缺陷。与此同时，职业教育的发展也只注重培养和传授个体进入某一职业的“入门技术”，很少考虑个体终生学习和可持续发展的问题，致使个体进入某种职业教育便意味着被终生嵌入这种职业当中，因而造成个体发展的片面性。

趋于“自主”的社会分工：职业教育持续推进个体的可持续发展。在马克思和恩格斯看来，自发的分工在未来的社会将要被消除，恩格斯曾明确指出：“现在已被机器动摇了的分工，即把一个人变成农民、把另外一个人变成鞋匠、把第三个人变成工厂工人、把第四个人变成交易所投机者的这种分工，将要完全消灭。”因此，未来社会将要消除“自发”的分工，而成为自主的分工，即消灭人类劳动分工的固定化，消灭人们终生束缚在狭隘劳动中的现象。在这种趋势中，职业具有双重意义，即包含对己谋生和对群服务的作用，同时职业又适应了社会分工制度和人的发展差异的需要。相应的职业教育也应具有双重功能。所以，黄炎培认为，“用教育的方法，使人人依其个性，获得生活的供给，发展其能力，同时尽其对群之义务”就是职业教育。

随着社会经济发展、社会分工对劳动者技能要求越来越专业，职业教育从最为快捷的满足社会对就业的庞大需求，已经发展成为社会教育体系中不可缺少的一个重要组成部分。因为社会分工变得越来越精细，众多职业对劳动者的专业素质要求也越来越高，像汽车机械师、银行商务员、数据处理员、面包师、幼儿园教师等，都不是一般的大学教育可以造就的，都需要专门进行培训。职业教育为年轻人带来的是娴熟的技巧和强烈的职业道德意识，还使他们因职业责任而在心理上加快成熟。

然而，与此同时，职业教育必须关注个体的终生发展，强调培养个体的可持续发展的能力，这成为当前世界职业教育改革的趋势。1999 年 4 月在韩国首都汉城召开的第二届国际技术职业教育大会的主题即是“终身学习与培训：通向未来的桥梁”，此次大会在人类即将进入 21 世纪之时，在经济和其他社会活动的全球化，信息和科学技术飞快进步以及从业流动人口的不断增加的形势下，为了研究职业教育所面临的挑战及如何回应而召开。

联合国教科文组织总干事科林·鲍尔在会议上做了“联合国教科文组织 21 世纪前十年计划”中指出：“技术和职业教育与培训不应该仅仅是‘需求驱动’，也应该由‘发展需要’来驱动。技术和职业教育与培训应是人的整体教育的一个组成部分。技术和职业教育与培训应能使社会所有群体的人都能入学，所有年龄层的人都能入学，它应该为全民提供终生学习的机会。”这次大会慎重地指出技术和职业教育应当是终生教育的有机组成部分，它具有多学科的特点，是培养合格创造性劳动力的一种重要教育系统。因此，职业教育在当代社会越来越成为推进个体可持续发展的重要途径，由此，使个体在社会分工体系中的自主性也日益加强。

二、职业教育与经济结构

如前所述，职业教育与其他教育门类相比，与经济部门的关系最为密切和直接。这里我们着重探讨职业教育与经济结构的相互关系。

经济结构是指国民经济的构成要素相互联系、相互作用的关系和方式。它包括三个方面的内涵：①组成国民经济的要素的内容、性质和特点；②国民经济构成要素之间相互联系、相互作用的关系和方式；③国民经济构成要素及其相互关系、作用方式的变化。经济结构的构成要素相当复杂，根据不同的分类标准可以将经济结构的构成要素进行不同的分类。人们习惯上将经济结构分为生产结构（包括农业结构、工业结构、能源结构、运输业结构、投资结构、商业服务业结构等）、进出口商品结构、人口结构、就业结构、人民生活消费结构、教育结构、地区经济结构、企业规模结构等。因此，教育事业包括职业教育自身的结构都是经济结构的要素和重要组成部分。研究职业教育与经济结构之间的关系，需要透析二者之间彼此联系、制约和促进的本质与方式,这不仅是一个教育学问题,也是一个经济学问题。

(一)经济结构决定和制约职业教育的结构

纵观职业教育史与人类经济史的发展,不难发现这样一个规律,即职业教育整体,包括其专业设置、课程设置和层次结构等问题均受制于经济结构。

从人类经济结构的历史发展过程来看,在不同的历史阶段由于经济结构的复杂与成熟程度的不同,会影响职业教育的一些根本性特征。在人类社会的早期,经济尚未形成结构,社会以简单劳动为基础,因此也不存在职业教育。从原始社会末期开始,经过奴隶社会、封建社会,人类社会的经济活动与经济功能不断发展,经济结构中的生产结构不断地分化并定型成为农业、手工业、商业等部门,而社会分工的加剧也使社会中的职业结构得以发展和确立。伴随着这些经济因素的形成,技术结构也不断成型。但总体而言,经济结构在古代社会是低水平的。这就决定了职业教育不可能成为大规模的学校教育,只附设于手工作坊,即可满足生产力培养的需要,而生产技术的低下也决定了职业教育教学内容中科技含量的不足。到了资本主义社会大工业生产奠定了人类生产的基础之后,产业结构、就业结构和技术结构的变迁使职业教育出现学校化的倾向,专业设置基于产业需要而大大地拓宽,课程开发和课程设置与产业结构、就业结构、技术结构相适应和协调,科学技术含量日益增加。不仅如此,职业教育在层次结构上也分为初级、中级和高级水平,而且越来越强调中、高级水平的职业教育。

当代社会,经济结构的多种要素都发生了根本性的变化,如产业中第四产业即信息产业的出现与发展;就业结构中脑力劳动比例的不断增加;技术结构中高新技术的比重日益增加,并成为推动社会经济发展的主要力量等,都对职业教育的规模、体系、专业、课程、教学等产生深远的影响。

(二)职业教育培养经济结构的管理者和劳动力,使经济结构得以维持和发展

职业教育对于经济结构同样具有能动的反作用,这主要是职业教育通过推动科技进步,使社会的经济体制、经济组织、经济管理等发生变化,从而在整体上促使经济结构得以发展变化。当然,这完全要通过人自身整体素质的提高作为中介来实现。可以说,职业教育通过为经济结构的发展提供优质的劳动者和管理者,使他们与经济的发展和实践相吻合,从而使人的意识对经济结构的发展发挥重要的影响,并因此推动着经济结构向更为合理的方向转换。所以说,职业教育对于经济结构绝非消

极地适应，世界发达国家资本主义现代化的历程便证明职业教育本身对于经济和社会现代化具有极大的推动作用。如德国的发展，得力于职业教育这一秘密武器，它在首次设立职业教育学校时，并不比英国、法国等国家发达，只是在职业教育上先行，最终使其生产力得以发展。又如产业革命后，资本家并没有认识到对工人进行教育和培训的作用，甚至加以反对和抵制。后来，历史证明职业教育对于资本主义生产具有极大的促进作用。

三、职业教育与技术

技术，从广义来说包括生产技术和非生产技术，其核心是生产技术，并随着生产的发展和社会的进步而不断的丰富和发展。人类的技术进步采取渐进和跃进两种方式，并且明显地表现出阶段性的特征，即“技术革命”。一般地，人们将人类最初制造第一把石刀而产生的技术萌芽到15世纪称为古代技术时期；16世纪到20世纪40年代称为近代技术时期；20世纪50年代至今称为现代技术时期。在近代史上，人类社会爆发了三次技术革命。第一次为18世纪以蒸汽机的发明、改造和广泛应用为标志的技术革新，使机械生产代替手工劳动，在此基础上的产业革命使人类社会从农业社会进入到工业社会；第二次是在19世纪后半叶以电的发明和电力的广泛应用为标志，人类实现电气化；第三次是在20世纪40年代以电子计算机特别是微电子技术的问世和广泛应用为特征，使人类的生产和管理走向自动化，信息产业逐渐在产业结构中占有举足轻重的地位，甚至是主导地位。

技术进步对社会产业结构的影响极其深远，使产业结构发生了如下变化，即产业结构从农业转向工业，从工业转向服务业；技术结构从资源技术转向再生产技术，从再生产技术转向信息技术，或从硬技术转向软技术；就业结构从第一产业转向第二产业，从第二产业转向第三产业；产品结构从单一转向多样，从低档转向高档；消耗结构从耗能、耗材、耗资高转向节能（源）、节材（料）、节资（金）；布局结构从靠“资源决定命运”转向高度综合、复合型转向知识密集型和技术密集型等。因此，技术进步与产业结构变化的基本模式可概括为：技术进步—产业的发展与改造—新兴产业的出现、传统产业的改造、落后产业的淘汰。

职业教育总体而言必须适应社会技术进步的需求，调整和改革自身的发展方向。职业教育主要通过适应产业结构的变化所导致的就业结构的变化来适应技术进步的要求，也就是说，技术的进步实际上首先导致知识扩展甚至所谓的知识爆炸，使知识的更新加速，从而使经济和产业的发展越来越依靠对技术与知识的创新，这种变化会使社会就业结构发生与之相适应的变革，并导致职业教育随之发生变化。与此同时，技术传播、扩散和创新又要依赖于人力资源和与之相伴的教育，因此，良好的职业教育又会大大地推动技术的创新与发展。

（一）职业教育需要适应技术进步的趋势，培养产业部门需求的人才

技术进步导致产业部门中所需的从业人员的知识和技能结构发生变化。据统计，在过去的30年中，欧盟国家有90%的技术过时；在美国，技术退化的比率是每年20%。这对从业者的知识和技术结构的影响是巨大的。因此，技术进步对从业者最大要求就是要不断提高其知识和技术水平。这就需要职业教育对此做出积极而又妥善的回应。表现为如下几个方面。

1. 职业教育逐渐向高层次发展

技术进步使产业技术结构发生变化，从业者必须具备相当水平的技术和知识水平才能适应工作的要求，与此同时，技术进步也在不断地导致以高技术为支撑的新兴产业部门涌现，如核工业、电子工业、生物工程、航天工程、海洋工程和新材料、新能源工程等。这些都促进培养劳动力的职业教育必须向高层次发展。

在西方国家，高等职业教育出现于20世纪60年代，其主要原因在于劳动力市场构成的持续变化，导致对中等管理位置上的技术员和高技术的专业人士的需要，甚至在传统经济部门，如农业、建筑，制造业和商业部门以及在快速增长的服务部门，如广告、旅游、公共饮食业、保险、公共运输、健康、福利等部门也产生了对介于学术专业人士和手工工人之间的人才类型的需求。在我们国家，20世纪70年代末80年代初，即有零星的高职学校，时至今日，经济和社会发展的需要同样提出发展高等职业教育的要求，并且使其得到了较为快速的发展。

与此同时，国际职业教育发展的一大趋势即是“新职业主义”的兴起，这是适应知识经济和知识社会的需要，职业教育理论上所发生的转变，即认识到未来的从业者必须同时具备扎实的基础文化知识和专门的职业技能，并且具备终生学习和转变职业生涯的能力，不再终生从事于某一固定和单一的技术或工作部门。这种职业教育的新动向要求普通教育与职业教育之间建立良好的沟通，职业教育必须建立在普通教育基础之上，这反映在许多发达国家的教育政策上就是延长普通义务教育的年限，如美国是12年，即只有结束高中学习才能进入职业教育或其他专业教育之中，这就保证了职业教育的学习者具有扎实的文化和能力。

2. 产业部门的内部培训不断加强

20世纪60年代之后，企业对工人进行技术培训得到迅猛发展。以联邦德国为例，1962年成人教育机构中国高等学校的预算是4170万马克，到1976年就达到了

32975 万马克，每年平均增长 16%。1970—1978 年，联邦德国私人企业用于职工教育的经费由 69 亿马克增至 130 亿马克。1978 年私人企业用于职工教育的经费占国民生产总值的 1.01%。

公司职业培训与工作环境中的学习相结合成为重要的途径，如日本广泛开展的企业内培训，是二战后提高其人力资源开发水平的重要举措。由于日本的许多大企业，大都实行终身雇佣制，工人一旦在某个企业就业，往往一干就是几十年，直至退休。这种制度既有有利的一面，也有不利的一面。有利的一面是工人的工作比较稳定，便于培养职工对企业的忠诚，使职工的终生利益与企业结合起来，有利于解决劳资之间的关系。不利的一面是，在新技术、新工艺、新产品层出不穷，设备更新频繁、技术竞争激烈的现代，工人所掌握的技术和技能往往会老化，跟不上新的形势。为了解决这不利的一面，日本人就通过企业内教育予以解决。日本在企业内所实施的各种教育和训练，是以培育新工人、技术员、监督者、管理者、经营者的顺序开始的。其特点有三：一是与生产实际密切联系，并在生产的过程中开展教育；二是为已就业的人员提供接受职业教育的机会；三是将企业内教育作为企业的一种“经营工具”（通过人力开发去扩大经营）。企业内设立的各种学院在设施、设备及教育内容方面比较充实的有九善石油工学院、松下电器工学院、日立京滨工业专科学校（日立制作所）、东电学园大学部（东京电力公司）等，均相当于高中程度的水平。

（二）职业教育需要适应于劳动力的部门转移

由于人类技术进步的趋势总是导致机器代替人力劳动，因此，技术进步也总是造成在生产规模不变时，生产领域所需要的劳动力会逐渐减少，多余的劳动力便需要从该生产领域中转移出去，并且可能会被生产规模扩大的产业部门、新兴的产业部门和其他服务部门所吸收。从人类技术发展史来看，劳动力曾经从农业部门转移到工业部门，从工业部门转移到服务业部门。当代社会，随着新技术革命的纵深发展，一大批新兴的高技术产业应运而生，从而导致整个社会产业结构的巨大变化，使从业人员不断从传统产业部门向新兴产业部门，尤其是向着知识、信息产业部门转移，使人们的职业变换、人才流动都变得异常频繁。如在欧盟国家 11% 或 200 万的工人失业；在传统的就业中，如初级或中级工业中的就业率大大降低；在英国只有劳动力的 2% 就业在农业中，19.2% 的劳动力就业于制造业中并且还在下降。

从历史发展来看，在农业人口大量向工业部门转移时，促使职业教育进入到学校教育系统之中，并且逐渐形成较为系统的体系和结构。当代社会中，劳动力的转移也是职业教育的重要使命，比如我国当前在解决“三农”问题中便涉及农村剩余劳动力转移的问题，在解决下岗工人再就业中也涉及这个问题。

（三）职业教育和培训推进技术的传播、发展和创新

职业教育和培训对技术的传播、发展和创新具有重大的作用，这一方面通过培养人才得以完成；另一方面通过职业教育将教育与企业结合，实现“产学”合作或“产学研”合作来不断推动这一进程。

职业教育和培训通过大量地培养各级各类的劳动者，使其掌握一定的科学技术，并且将其运用到生产实践当中，这本身对于技术的传播、发展和创新更具有重要的推动作用。与此同时，各职业学校在与企业、科研单位、高等学校的合作中，为了更好地培养适应社会经济和科学技术发展的个体而采取“产学”合作和“产学研”合作的教育教学模式，在不断更新职业学校自身科学技术知识的同时，将职业学校自身的科研力量和科学成果在实践当中加以检验和推广，这对于技术的进步具有十分重要的作用。因此，职业教育和培训是非常重要的技术传播、发展和创新的渠道。

职业教育与其他的经济因素如所有制结构、区域结构、行业结构等都有重要的内在关系，均存在相互影响的作用，但最为关键的是职业教育总是通过培养人才来对经济因素产生影响，这是一个基本的规律。

第三节　职业教育的教学理论

一、行为主义能力观基础上的职业教育教学论

如前所述，早期的“能力本位”的职业教育采用的是行为主义的能力观，在能力本位运动最初产生的北美地区影响深远，代表模式是加拿大的CBE/DACUM模式。这种能力观认为能力即操作技能，是可观察、可分解、可测量的，以一系列具体、孤立的行为来界定能力，而这些行为是与完成一项项被细致地分解了的工作任务相联系，于是能力也就是任务。行为主义能力观基础上的职业教育教学论的基本内容可以概括为如下几个方面。

（一）教学目标

教学目标即达到预定的能力标准。行为主义主张教学目标的具体化、精确化，并且以可观察到、可测量的形式来说明。早期的一本关于能力本位教育的著作中有这样的定义：“能力本位教育是建立在对某一职业岗位所需能力的鉴别和陈述的基础

上，一般是以特定的行为化目标来陈述所鉴别出来的操作技能。随后，按照从简单到复杂的顺序来排列这些目标，以此作为教学顺序，以帮助学生掌握这些行为目标。”因而，行为主义能力观指导下的能力标准体现为用 CBE 方法分析确定的一份罗列得十分详细的任务（行为）明细表。

（二）教学过程

行为主义基础上的职业教育教学过程在很多方面与程序教学法相吻合。在课程方面，对应能力标准中的每项专项能力开发学习模块，按照由浅入深，由简到繁，由知识到技能的顺序编排，学生按顺序完成每一个模块，最后达到能力标准。CBE 对学习时间没有固定的限制，只要最后达到了能力标准即可，因此在教学过程中，允许学生根据自己的学习情况选择不同的学习途径和进度，即自定步调学习（self-paced learning），在学习中贯彻小步子渐进原则、掌握原则和即时反馈原则。

（三）评价机制

在学习过程中，行为主义职业教育教学理论鼓励学生按照能力标准进行自我评价。在对能力进行评估的时候，采用的是标准参照，对照预先确定的详细的能力标准，逐一测量学生的操作行为是否达到标准。从多方面收集证据以确定学员是否达到标准，其中，主要观察学生在完成指定任务时的实际操作技能表现，从中推断其能力的掌握情况，以操作行为作为测量能力的直接手段，知识和理解能力的测量作为间接手段。

行为主义的能力观将能力与具体的工作任务联系起来，使教学目标量化、具体化，从而提高培训的效率，易于控制学习过程和进行评价。但是，澳大利亚学者贡茨（Gonczi）曾指出，行为主义的能力观把学习过程看作是既定技能目标的实现，从而以具体任务来分解能力必然是琐碎和不完整的，忽视了作为操作技能之基础的基本素质的重要性；忽视了在真实的职业环境中人们的工作表现的复杂性以及在智力性操作（如操作数控机床等高技术设备）中专业判断力所起的重要作用；忽视了任务之间的联系，与系统论的观点相悖。另外，依据这种能力观进行的能力评价，只测量到了学习者与具体任务相关的相对琐碎的技能，没有真正测量到学习者的全面职业能力。

二、建构主义职业教育教学观

建构主义职业教育教学观的核心理念涉及师生关系、课程整合、教学模式和教学评价四个方面，是对职业教育教学观的全面更新。

（一）以学习者为中心的师生关系

与行为主义职业教育教学理论相反，建构主义职业教育教学理论将教学重心由教师“教”的方面转移为学生“学”的方面。学生被置于教学活动的中心，其学习需要、学习类型及其文化、社会背景等都受到高度重视。国外学者的研究表明，职业学校中的学生在以学习者为中心的班级中能够获得更大的发展，他们学习更积极、成绩更优秀。

具体而言，在以学习者为中心的教学关系中，学生被赋予更大的学习自主权。教师不再视学生为被动的知识接受者，而将其视为自我管理、自我建构心理模式和处于社会交往中的个体。教师也不只是知识的传授者，还是学生自主建构知识的促进者。教师为学生营造某种真实的工作情境，通过提供例子和组织讨论的方式，不断地促进学生的信息加工和知识建构。克卡（Keaka）指出：“职业学校教师的任务在于培养学生掌握知识和形成技能。教师运用认知学徒制的方法，提供示范和扶持；随着教师的指导逐渐减少，学生的技能渐趋熟练。教师为学生设置的学习情境应当反映工作环境的核心特征，学生必须应用多方面的知识和技能来解决问题，并且在与他人的合作中进行知识的建构。”葛瑞森（Gregson）也极力主张职业教师应当成为“教育者”而不是“师傅”，教师应当视学生为积极的学习者，不断推动学生进行反思性思考、探究性学习和合作式学习，使学生的学习内容与其未来的工作环境具有极强的相关性。

（二）学术课程与职业课程的整合

课程整合体现了建构主义职业教育教学理念的基本原则，是建构主义职业教育教学观得以实现的重要途径。课程整合的核心理念是：个体正是通过与社会环境之间的相互作用来建构知识，因此，职业学校必须提供给学生在现实世界中运用和验证知识的机会，使学生不断地“建构新知识”。课程整合的目的在于使职业教育的教学从狭窄的、定向的和技能为本的模式转变为宽泛的、针对岗位群的和以人为本的模式，使教学不仅传播知识和技能，而且使知识与工作环境之间建立起广泛的联系，从而打破行为主义单一定向化的职业教育教学模式。

将学术内容整合到职业课程中是课程整合最基本的形式，这一做法的目的既在于“加强职业课程的学术性”，也在于“加强学术课程的职业相关性”，弥补由学科领域的分割而造成的知识割裂，从而加强学术知识与工作环境之间的相互联系性。有许多学者认为，职业学校应当将学生置于现实工作情境中学习和掌握学术课程，以加强学术课程的职业相关性。这种将学术内容整合到职业课程中，并将其情境化的做法,有利于培养学生形成从事技术性工作时所需要的批判思考能力和创新能力。

（三）问题解决为本和情境化的教学模式

建构主义教学观主张，个体之间有意义的社会互动是发展认知和建构知识的基本方式。解决问题为本的教学模式正是基于学生之间的相互作用和相互依赖，使学生在合作中共同承担学习责任、共同解决问题。此种教学模式要求教师必须具有良好的协调人际关系和指导团队工作的能力和技巧，能够采取合适的教学策略、运用丰富的教学资源和组织合理的教学活动来改善学生的思维和培养学生良好的问题解决能力。问题解决为本的教学模式所包含的教学方法有案例教学法、仿真教学法、问题解决法、定向教学法以及行动研究法等。布朗(Brown)总结出了问题解决教学模式的四个关键因素。①教师需要深入研究教学内容、学生情况和教学资源,以便提出与教学内容相关且学生可以解决的问题；②问题的解决方案并不是唯一的，应当鼓励学生积极探究不同的解决方案并选择出最优的一套；③在解决问题的过程中，学生是主角；④教师必须在教学结束时对自己所提出的问题、学生的解决方案和每个学生的表现进行评价,以总结和反思此次问题解决的教学过程。

建构主义教学观认为，学生在知识和技术被应用的真实情境中学习时，其学习效果最好，这也正是建构主义职业教育教学理论特别推崇情境化教学模式的根本原因。此种教学模式要求教师将教学方法、教学内容、教学情境和教学时机有机地结合起来，使学生能够更好地从新信息中建构知识。由于情境教学是使学生“基于具体的项目并在特定的情境中学习”，这样一来，学生的学习活动不仅符合学校的目标，也与其家庭、社会及未来的工作环境相关。职业教育中的情境化教学模式提倡认知学徒制的教学策略，其方法是将学生置于真实的工作情境中，由教师或专家示范解决问题的策略和方式，学生加以模仿并且表达出自己的思维过程和操作程序。随着教师和专家指导的逐渐减少，学生在不断实践的基础上，建构起自己的知识和技能，将外在的指导内化为自己的能力。

情境化教学模式与以往职业教育中的合作教学或实践教学模式并不一样，后者注重学生实践技能的培养，而前者更注重学生知识和技能的建构以及高层次思维的养成。斯腾(Stein)总结出职业教育中情境教学的三个主要原则:①学生学习发生在特定的情境中；②学生在某一情境中掌握的知识和技能可以被迁移到其他相似的情境中；③学生不仅需要掌握相关的陈述性和程序性知识，而且要提升其思考和理解水平,改善其解决问题和相互合作的能力。

（四）认知学徒制（Cognitive Apprenticeship）——教学方法的变革

建构主义学者们关于人类学习的深入分析与思考，催生了认知学徒制这种理论的发展。所谓认知学徒制是指一位具有实践经验的专家，指导新手进行学习，专家进行示范和讲解，新手则进行观察和主动学习，在一个真实的社会情境或工作情境中，通过双方或团队的互动，让新手主动构建知识，进行学习的过程。认知学徒制理论认为在教授新手技术时，会存在某些潜在过程，如果教师未能注意到这些潜在过程，就会使学生学习效果不理想。为了解决这一问题，认知学徒制就“被提了出来，它旨在使那些技术传授中的潜在过程得以外显，使学生能够观察到、模仿之，并且在教师的帮助下实践之”。因此，认知学徒制理论强调，在新手开始学习时，专家应为之提供“支架”（或称“脚手架”）和帮助。随着学习者建构起自己的知识框架，这种帮助就可逐渐减少。由此可以看出，认知学徒制与学校中的日常教学模式有很大差别。它是一种从改造学校教育中的主要问题出发，将传统学徒制方法中的核心技术与学校教育整合起来的新型教学模式。

认知学徒制力求培养学生的高层次思维能力（Higher-Order Thinking Skills，HOTS），也就是专家实践所需的思维能力、问题求解和处理复杂任务的能力。培养学生的高层次思维能力在职业教育中至关重要。正如美国职业教育学者瑞贝卡（Rebecca）所指出的：“创造性思考与问题解决能力是从事职业工作的关键能力，一个缺乏创造性思考与专业问题解决能力的人无法合适地就业。”

具体而言，认知学徒制的教学方法主要有六种：建模、指导、脚手架的搭建与拆除、清晰表达、反思和探究。

（1）建模（Model）。建模是展现专家完成某个任务的过程，并解释理由。建模的目标是建构专家认知过程的心智模型，将其内在的认知过程和活动外显出来。

（2）指导（Coach）。在学生执行任务时，教师通过观察的方式进行指导，包括观察学生执行任务的过程，为学生提供暗示、搭建脚手架、提供反馈、建立模型、修正和提出新的任务等，以使学生的学习绩效更接近专家的方式。

（3）脚手架的搭建与拆除（Scafold and fade）。在学生完成任务时教师提供支撑，如建议、帮助、提供暗示等。脚手架的重要功能是帮助学生顺利穿越“最近发展区”。随着学生能力增强，教师应把更多的责任和控制权交还给学生，减弱对学生的支撑，逐渐去除脚手架。

第四节 职业教育教师的专业化

教师职业的专业化发展是社会职业发展进程中，社会对教师职业的要求与标准渐次转化为教师群体内部标准与发展要求的结果，同时，它也成为教师这种社会职业发展所应当遵循的基本原则。但是,由于教育存在不同的类型,因此在教师职业群体中,就存在针对不同的教师群体的专业化发展要求。

职业教育是教育中一种重要类型，这一领域中的教师应当具备专门的知识和能力，而且其教育教学实践与能力应当不断提升才能适应职业教育自身与社会经济对人才培养的需要。

一、专业、专业化与教师专业化

首先让我们来明确什么是“专业”。早在1970年，美国社会学家霍伍德·S·贝克尔在其《社会学的工作:方法和内容》一书就对“专业”一词进行了界定。他认为“专业”是指由某群体共同认可的一套观念或者内在相关的特征所反映出来的整体性标志。作为一种标志,专业并不仅针对某种实际的职业或岗位,它提供的却是关于这种职业的总体的思维方式。进入21世纪，人们对“专业”有了更进一步的认识,研究教师专业化的迈克鲁兹指出:“专业是社会构建的、动态的和有争议的术语”“其内涵具有明显的历史性和情境性”,并且“会反映出社会中不同人和群体的不同立场”。

从“专业”在社会中的直接表现形式来说,“专业”就是要求具备专门化的教育和培训基础及背景的职业，专业人士的使命在于利用自己在某个学科、领域或科学技术方面的专长提供给他人公正无私的服务，除收取直接和明确的费用外，没有其他任何的经济获益。在传统社会中,神职人员、医生和律师被视为专业,在现代社会中,专业的范围不断扩大。任何一种职业或岗位在发展成为专业的过程中，都有其共同的过程，如专业人士必须通过教育和考试才能获得正式资格的要求被作为金科玉律确定下来，有权力认可或培训本专业从业人员的专门管理部门被建立起来，甚至形成了某种程度的垄断权力等。

专业发展的动态过程,或专业人士的成长过程,人们常称其为“专业化”。我们也可以概括出专业化进程的基本特点，如专门化的职业活动的形成和发展；建立相关的培训学校或大学来培养专业人才，使此种专业得以发展；专业组织或团体出现和发展；出现了以获得合法的垄断权力的斗争；以及最终构建所有专业内部的人士均需恪守的正式的伦理规范体系等。通过研究可以发现,“专业化”被视为人类工业社会进程中的一个极其重要的特征。“专业化”并非针对所有职业,但那些被社会认可为专业的职业必须适应“专业化”的要求,从业人员必须要经历“专业化”的过程。

如何从人类社会的发展角度来理解“专业化”这种社会要求和社会现象呢?我们认为,在现代社会,专业化与社会权力密切相关,专业化的程度高低与这一专业群体拥有的社会权力相辅相成。现实社会中,具备共同专业背景的群体形成一个权力网,而任何个体实现专业化的过程也正是突破这一权力网的边界,参与其中共享权力的过程;专业化的程度与专业群体的社会地位和经济收入相关;专业化也意味着不断提升实践的品质和标准,专业化不仅仅是指要具备特殊的专长,更重要的是要基于一种利他的目的以持续地改善实践以满足于所服务的客户的利益和要求。从这个意义上讲,作为一位专家,其专业化的目的也正是持续地改善造福于客户的实践能力。也正因如此,专业化也在一定程度上被视为是具有个性和个体行为特征,它甚至被认为是奉献、投入和高水平的技术实践的代名词;专业化也是一个专业群体的集体意识,它体现处于同一专业中的群体所共同追求的目标和价值,无论何种专业,其目标和价值可以是多样化的,但值得信任、正直、自治和可靠等标准却都应当作为其核心指标。

专业化除了要强调专门的知识、责任、可信等等原则之外。在这里,我们还要特别强调“专业自主”在专业化进程中的重要性。尽管个体在专业实践过程中的自主权力往往是一种协商或斗争的结果,甚至还有可能被限制,但自主却被认为是专业化的重要因素。福隆(Furlong)认为:“知识、自治和责任三个概念是专业化传统观点中的核心,并且被认为是相互关联的。正是因为专业人士面对复杂和不确定的形势,所以他们需要具备专门化的知识体系;如果他们去应用这种知识,那么他们就必须拥有做出自己的判断的自主权力。假定他们拥有自主权力,本质上他们也就承担了责任——与此同时,他们需要去发展适当的专业价值。”

教师这种职业,曾经长期被认为是“半专业”“危机的专业”,但在20世纪后半叶,教师这一职业逐渐被视为是专业化的职业。1966年,国际劳工组织、联合国教科文组织在《关于教师地位的建议》中明确提出:“教育工作应被视为专门职业。”由此,国际社会认同并且推进教师和教学的专业化发展,许多关于这一领域的理论涌现出来。与此同时,在各个国家,教师的专业地位和专业化发展的要求也被确定了下来。

对于职业教育领域中的教师来说,由于职业教育在历史传统中和社会发展进程中受到了歧视,这就导致长期以来职业教育领域中的教师甚至并未享受到与其他教育类型如普通教育、高等教育中的教师同样的社会待遇，其专业的职业地位也并未受到充分的认可，其专业化发展的政策路径也未能得到充分明确和发展。德国不来梅大学技术和职业研究所的格瑞海姆·阿特旺（Graham Attwell）对传统的欧洲社会中的职业教育教师未被视为专业这一问题提出了总结与批评。他说："传统上，职业教育和培训（VET）从未被认为如同医生或普通学校的教师那样是一种专业。从研究的角度而言，VET需要多种不同的学科来支持，包括心理学、教育学、劳动力市场研究以及工作科学。VET领域中的规划者与政策制定者也要从许多不同的学科吸收知识。VET未能被认可为一种专业，主要表现在职业学校的教师拥有相对较低的社会声誉、工资水平。也表现为在这一领域中工作的人员与那些在专业领域中工作的人员相比，接受培训的程度也比较低。"

这一问题其实在世界许多国家都存在，已经形成了一个非常有意思的矛盾，即一方面各国普遍在强调职业教育对于社会经济的发展具有重要作用；另一方面职业教育却未被视为一种专业活动，从事职业教育的教师的专业地位也未被充分认可。正如有学者指出："职业教育的教师和培训者对于支持劳动力市场中的技术发展来说起着至关重要的作用，但同时，他们并不因之而享受较高的社会地位。在世界范围内，劳动力中的2/3是技术工人，他们是世界各国经济发展的支柱，而他们的职业技能和知识，正是从职业教育和人力资源开发的部门中学习得来的。假使职业培训对经济的成功确实具有重要作用这一判断是成立的，与之不相适应的是，职业教育和培训这一教育类型，在许多国家并未被认可为一种专业。"

职业教育的发展总是与社会经济发展密切相关，并且被视为人力资源开发与培养的重要途径，也是培育技术工人的关键方式。从当前世界各国经济发展的趋势而言，高素质技能型人才是经济快速发展，建设创新型国家的生力军，而这些人才的培养离开职业教育是无法实现的。职业教育已经成为一种无法被替代的教育类型，从事职业教育的教师也必须经过专门的培养和培训才能够胜任岗位的要求。因此，从上述发展态势而言，职业教育的教师必须实现专业化的发展才能真正适应职业教育的发展需要，因此必须全力推进这个进程。

职业教育领域中的教师专业化也正因为上述问题而变得比较复杂。它一方面是指职业教育中的教师和培训人员需要获得专业化的社会角色并且承担相应的社会责任；另一方面则是指他们在其所从事的教育教学领域中成为专家，能够以其所掌握的专长为职业教育的受教育者提供专业化的服务。而后一方面是根本，是保证职业教育领域的教育工作者获得专业化的社会地位和保障的基础。因此，我们接下来分析职业教育教师的专业要求。

二、职业教育教师的专业要求

如果从专业的视角出发,对职业教育领域中的教师的专业要求进行研究,可以发现,伴随着社会经济发展的不同阶段,社会对职业院校教师的要求也处于动态的发展中。安内德·毕林尼(Annede Bligniere)曾对法国职业教育系统中的教师在不同的经济发展阶段所要达到的专业发展目标进行了研究,其研究结果表明:从1970年至1975年,各种企业将员工的职业培训视为一种满足员工个体发展要求的方式,培训课程也主要关注员工专业领域中的主题或个体的发展要求。这种状况反映在对教师或培训员核心能力的要求就表现为,职业教育教师们要具备某一专业领域的知识和针对培训的教育教学方面的知识。到了20世纪70年代中期,企业进一步认为员工的在职培训是提升组织核心竞争实力的重要途径之一。因而,职业教育系统中的教师和专业人士必须能够对产业中的职业和工作进行分析,能够对各种培训需求进行分析,同时还要能够设计培训的框架体系,并且能够组织实施和评价等工作;除此而外,教师们还要具备承担管理培训过程的知识和能力。在这一时期,职业教育系统中的教师们还被赋予了一个新的角色,就是要能够针对不断加剧的产业结构变化、新技术不断出现、失业率不断增加的新形势所提出的要求,对产业中的劳动力进行再培训,实现产业工人可持续的职业发展或实现再就业的目标。

这项研究意义重大,它虽然只针对法国职业教育系统中教师专业发展要求和使命的变迁进行了深入阐述,但却反映出一个共同的问题,那就是职业教育教师的专业发展要求总是处于动态的变化过程之中,其根本动因是来自于经济和产业发展对人才的需求在发生着变化。当前,随着社会经济发展的多元化,职业教育领域的教师也随之承担着越来越多元化的责任,这就需要教师要比以往具备更加丰富的知识、经验和更高水平的资格。有不少学者都曾对职业教育领域中教师的专业要求进行过比较具体的研究,也提出了不少有影响的结论。如米兰诺威驰(Milanovich N.J.)曾指出,作为一名优秀的职业教育教师,至少要具备以下四个方面的知识和经验:

(1)在某一个专门化的技术领域具备专业人士的水平;

(2)教学的设计、规划、实施和评价的知识和能力;

(3)班级和实验场所的管理知识和能力;

(4)相关的职业经验。

哈里森(Cheryl Harison)认为21世纪的职业教育教师至少应当能够承担如下几项重要责任。

（1）教师必须具备良好的教学能力，通过其有效的教学，要使学生能够实现如下的发展目标：掌握适应某种职业要求的专门化的工作技能；形成基本能力和掌握基本技能；形成将课堂中所教授的内容很好地应用到工作环境中的迁移能力；掌握高层次的思维技能。

（2）教师能够在课堂中因材施教。教师应当对受教育者的身心发展特点加以把握，针对他们各自的要求进行施教。

（3）教师能够管理实验性的学习项目。如在校内能够运作一个小的商店或模拟办公室；在校外，教师要能够联系企业，开展与企业的各种合作。

（4）教师具有良好的公共关系和形象。教师的公共关系和形象会直接影响职业学校对学生的吸引力，也会影响到学生的毕业分配。

（5）教师必须使自己保持“与时俱进”的品质。教师在教学技术上的进步并不困难；更为重要的是，教师必须与劳动力市场中的技术变化保持同步，只有这样，才能使课程不会过时，也才能使毕业生贴近劳动力市场的需求。

第三章 职业教育的方法

第一节 职业教育的教学模式及方法体系

一、职业教育的教学模式及其本质特征

所谓教学模式，是指按照一定教育理论、教学原则和教学经验，围绕一定的教学目标而设计的可以操作、可以控制的结构性流程，是教学理论用于教学实践的中介性环节和具体可操作的实践活动方式。从教育理论的角度而言，教学模式没有好坏之分，所强调的是适用性。教学模式的构成要素应当包括思想理论基础、教学目标、教学资源、活动过程和师生角色等几个方面。

既然教学模式是教学理论应用于教学实践的中介环节，因此任何种类的教育都因其特定的培养目标和教育任务而有着不同的教学模式，而其间由于教育思想和理论的不同又增加了教学模式的多样性和丰富性。职业教育教学模式的选取与确定取决于人们对职业教育培养目标及人才规格的理论性认识。

职业教育是现代教育的一个重要组成部分，以培养技术应用型人才为根本任务，以满足社会生产、管理、服务第一线对中高级应用型技术人才需要为目标。因此，职业教育的教学应当以技术应用能力培养为主线来科学地设计学生的知识与能力结构，强化实践技能训练，使学生成为既具有一定的基础理论和专门知识，又能重点掌握从事本专业领域实际工作的基本能力和基本技能，并具有良好的职业道德的专门人才。他们的工作主要不是从事理论研究，也不是从事开发设计，而是把现有的规范、图纸和方案实现为产品、商品和财富。由于培养目标的差异，职业技术院校的教学模式与普通的理科院校、工科院校应有明显的差异。那就是在教学过程中特别注重学生职业岗位能力的培养、职业技能的训练，注重学生解决问题能力和自学能力的培养和训练。有时，把上述培养目标简单地概括为“以能力为中心”，以区别与普通高校的“以学科体系为中心”的培养目标。

从当前国际、国内发展形势来看，由于高新技术的应用推动产业技术不断升级和

经济全球化进程的进一步加快，使得对于职业人才知识能力结构的要求已经发生并将继续发生变化，这些变化明显地表现为他们工作领域进一步拓宽。譬如要求他们参与部分产品的设计工作；要求他们从事部分“智能性操作岗位”的工作；要求他们具有更好的理论基础和高新技术应用能力；要求他们懂得更多的国际市场的运行规则，具备更强的国际交流能力等。显然，随着社会经济的进步以及对可持续发展意识的不断增强，对于职业教育的人才培养要求不仅强调其技术性，更会逐渐出现知识性、技术性、学术性相融合的趋势，也就会更加强调职业教育的任务是培养既可以加入技术劳动大军又可以进入专门人才队伍、整体素质比较过硬、综合能力相对较强、可跨行业、宽层次的职业技术人才。因此，职业教育的“高”就是既要完成大学层次的学历教育，又要完成具有高级技工实践能力的职业资格证书教育，同时还要考虑学生毕业后对就业岗位的更新有可持续发展的能力。

在把握职业教育的当前特点和发展趋势的同时，特别要注意防止两个极端，就是“只重学科体系，忽视能力培养”与“只重操作实践，忽视知识、理论”的倾向。前一种倾向把职业教育办成普通理工科院校的“压缩饼干”；后一种倾向则把职业教育办成技术培训。培养目标的差异使职业教育具有与传统理科与工科教育不同的特点。这就要求职业院校要有自己特色的教学模式以及反映这种教学模式特点的教学方法体系。

因此，构建职业教育教学模式的指导思想应当是在思路上要突破原来理工科课程以“学科体系”为线索的指导思想，在掌握必要知识和理论的基础上，突出能力培养、实践操作和技能训练；在教学中要打破原有的以概念、定律、定理为线索的体系，采取从感性认识入手上升到理性定量认识的“双循环”结构和以实例贯串的结构；在教学目标上要纠正只重知识和理论的倾向，做到理论与实践并重、知识和技能并重；在考核与习题的安排上要纠正只重考核知识和理论的倾向，要增加操作考核与项目制作考核。由此所形成的职业教育教学模式会决定职业教学方法体系的独特性。

基于如此的分析与研究，结合职业教育教学模式的历史与现状，可以发现，职业教育长期以来形成多种比较重要的教学模式，我们作如下介绍与分析。

（一）产教结合教学模式

产教结合教学模式是学校与企业双方合作，共同完成教育工作，培养合格人才的一种职业教育形式。

长期以来，产教结合、校企结合受到世界各国的重视，均视其为发展职业教育的普遍规律之一。据联合国教科文组织调查，发达国家与企业联姻的院校从 1980 年的

12%增加到1991年的70%。德国、日本及加拿大的大学与企业挂钩的达到了90%。而且，在长期发展过程中，国外形成非常有特色和卓有成效的产教结合教学模式，如德国的“双元制”，是以企业为主的产教结合模式的代表；美国的“合作制”，是以学校为主的产教结合模式的代表。其他许多国家都不同程度地效仿这两种模式，结合本国的国情开发出各具特色的产教结合模式，如前苏联的“产学联合体”、日本的“产学合作”、英国的“三明治式”、加拿大的“合作教育”、韩国的“合同制”、法国的“学徒制”等。

这些模式在理论教学和实践教学的比重上又有差异，有的以实践为主、理论为辅；有的以理论为主、实践为辅。如德国的“双元制”，学生三分之二的时间在企业学习；美国的合作制是企业和学校学习的时间各占一半；而英国的“三明治式”在企业学习的时间仅占三分之一或四分之一。由此决定了在理论教学与实践教学具体操作上，也出现多种形式。如德国的“双元制”有三种形式：一是叠加式，即理论教学与实践教学相继进行；二是一体化式，即理论教学与实践教学平行进行；三是交叉模式，即理论教学与实践培训交叉进行。

产教结合是职业教育适应经济结构调整、走新型工业化道路、加快培养技能型人才的需要，是坚持以就业为导向，大力推进职业教育改革与发展的需要。通过借鉴国外职业教育产教结合的先进经验，结合我国的实际情况，我们发现，职业教育在实践产教结合的教学模式时，必须要将职业教育与国家、地区不同时期的经济战略结合起来，要将职业教育与不同地区的经济发展结合起来，并且在进行职业教育过程中将企业与学校结合起来。及时了解劳动力市场的需求，迅速调整职业结构和更新职业培训内容，调整专业设置使之与产业用人需求相适应，有针对性地培养和提高学生的职业技能和创业能力。

职业教育实行产教结合教学模式，是由其特定的任务所决定的。这不仅适应了社会经济和产业发展的需要，能够培养出适应不断发展变化着的科技和工艺要求的合格人才；同时也为职业教育的受教育者提供了最大的就业机会，优化了教育资源和劳动力资源的配置效率。

（二）产学研结合的教学模式

职业教育不仅要立足于产教结合的教学模式，更要逐渐向产学研相结合的教学模式发展和转变。产学研合作是指生产单位、院校和科研单位有机结合，协调发展的过程或活动。产学研合作教育的主要内容除了包括科研成果转化、产品和技术的开发和应用外，还包括人才培养的内容。产学研结合教育模式与传统教育模式的根本区别在于前者与市场、经济、社会之间的联系比后者远为紧密。

产学研结合是职业教育的重要特色,既是职业教育人才培养的重要途径,也是职业教育推动社会经济发展的重要方式。通过产学研合作,推进学校与生产用人部门的广泛合作,发挥职业院校的技术科研优势,面向市场、面向经济建设和社会进步的主战场,使职业教育真正推动经济发展;并在合作中通过生产实践促使学生把理论知识转化为实践能力、提高学生综合素质与创新素质,使学生认识到利用知识创造性地改造传统设备、实现技术进步的重要性。

因此,产学研合作是一种互惠互利的行为。职业学校可以通过产学研合作得到产业部门的实践环境、实训或实习场所,便于研究成果的试验或转化;产业部门也可以通过产学研合作,利用职业学校人才密集、技术力量雄厚的优势,在新产品开发、技术改造、人才培训和技术咨询等方面得到支持。职业教育在产学研三者中,始终把教学置于核心地位,生产和科研则围绕教学发挥作用。实践教学计划的制订和实施应主动争取相关行业和企业专家参与,通过建立专业指导委员会来沟通产学研渠道,共同制定、参与和监督人才培养的全过程。学校根据企业的人才培养规格要求,开设相应课程;企业为培养应用型人才提供实践锻炼机会,同时向学校推荐工程技术专家到学校担任主讲或顾问。产学研合作需按照互惠互利原则,选择和争取那些技术先进、热心于职业教育、专业对口的企事业单位,与其签订联合办学协议书。在科研为地方经济服务的同时,把科研工作与人才培养结合起来。学生参与科研活动,是尽早把学生引向学科前沿的有效手段。教师的科研项目可以吸收部分学生一起参加,教师负责总体设计与技术把关,让学生在教师的指导下完成项目子课题的设计。

我国从20世纪80年代的后5年开始引入产学研结合的教育模式,经过多年努力,产学研结合由民间有组织的试验,走上官方有组织有计划的试点。时至今日,人们普遍地意识到通过加强产学研相结合的教育教学模式,逐步建立职业教育与社会生产密切结合的教育机制,是中国职业教育进一步培养高素质技术应用型人才和得到健康发展的必然趋势和必由之路。

(三)理论实践一体化教学模式

理论实践一体化教学模式是指在特定的技术实训中心,通过师生双方边教、边学、边做来完成某一教学目标和教学任务。实训中心使教学更接近企业技术发展的水平,并与企业实际技术同步滚动;营造浓郁的职业氛围,达到能力与素质同步培养的目的;以先进的生产设备和教学装备,融理论教学、实践教学、技术服务与生产为一体,以其应用性、综合性、先进性、仿真性推动了职业教育教学改革的深化,同时也是培养"双师型"师资队伍的重要途径。

（四）产教贸结合教学模式

产教贸结合教学模式是指教学、生产、市场经营相结合的教学模式。这种模式体现出职业教育的教学必须面向社会、贴近市场、贴近生产的特点。目前已有为数不少的学校在积极探索这种模式。在这种教学模式中，教师既是教学工作的组织者、实施者，又是生产者或经营者，这样的师资队伍必然是具有职业教育特色的“双师型”教师。教师既从事教学，又从事营销实践，学生边进行专业学习，边参与营销实践，有利于学生实际工作能力的培养，使教学过程真正融入市场，实现了以产促教、以教兴产、产教结合的育人模式。

二、职业教育的教学方法体系

基于以上对职业教育长期以来形成的教学模式及其本质特征，应当能够对其教学方法体系的构成基础有了一个较为明确的认识，下面进一步分析教学方法。

（一）建构职业教育教学方法体系的理念

作为教育的重要组成部分，职业教育应当符合教育的一般规律，现代教育中适用的教学方法也应当能够在职业教育中应用。与此同时，我们还应当考虑到职业教育教学的特殊性，在教学中抓住理论与实践相结合，知识与技能相统一的方针，把握住要培养能够获得双证书（即学历和技术等级或职业资格两种证书），毕业后直接上岗的这一培养目标和任务。以此作为根本理念，形成一套能够适应职业院校的理论教学与实践教学要求的教学方法体系。

在考虑到以上因素的同时，构建职业院校教学方法体系还应当适应当前社会、科技、经济高度发展的需要，将现代教育中先进的教学方法与手段广泛地运用于职业教育教学中，致力于最大化地提高教学效率。

此外，在构建职业教育教学方法体系时，还要兼顾创新性。教学方法是有其常规性和普遍性，但作为职业教育教师，应当积极地致力于创造和发展新的教学方法，以适应职业教育培养可持续发展人才的目标。不仅要积极借鉴与学习国内外已有的经验，还要融会贯通，不断创新。

（二）职业教育教学方法体系的构成

职业教育教学方法体系由两部分构成。

（1）理论性教学方法。职业教育的理论性教学方法适应理论性教学，注重知识和技能的传授和掌握，加强理论修养和知识创新。包括讲授教学法、讨论教学法、谈话教学法、自学辅导法、演示教学法、实验教学法、参观教学法、练习教学法，等等。

（2）实践性教学方法。职业教育的实践性教学方法要体现技术应用型人才的培养理念，注重实践能力的养成，要求在真实的实践中进行学习和锻炼，将理论知识转化为实践技术，并能够创造性地运用。实践性教学方法的核心指导理念应当是以“行动”为导向。20 世纪 80 年代以来，“行动导向”理论成为职业教育教学的重要理论来源之一。行动导向是一种指导思想，其宗旨在于培养学习者具备自我判断能力，懂行和负责的行为，它可视为主体得以持续发展的过程。在教学中，行动导向意味着：知识的传授和应用取决于学习目标、内容、方法和媒体等因素的重组，即在整个教学过程中，实质上创造出教与学和师生互动的社会交往的仿真情境，把教与学的过程视为一种社会的交往情境，从而产生一种行为理论的假设。这种理论是基于当代心理学的最新发展成果的基础上，对职业教育教学理论和方法的深入研究和构建。

第二节　职业教育的理论教学方法

一、职业教育理论教学概述

职业教育理论教学应定位在“以应用为目的，以必需、够用为度，以掌握概念、强化应用为重点”。但是，不应该片面地理解这种要求。仍然要遵循我们前面所论述的职业教育的培养目标与任务，使学生必须牢固和坚实地掌握基础理论知识，仍然要求教学中注意理论知识的系统性和完整性。事实上，职业教育首先是教育，然后才是职业教育。要在实施教育的基础上，遵循技能型人才培养的规律。因此，理论性教学就必须要着眼于技能的形成、以应用为目的，这一点是与其他教育类型完全不同。这也就是为什么职业教学中除了理论性教学外，切不可忽视实践性教学，并要将二者有机结合，相辅相成的原因。

职业教育理论教学与职业技能培养的有机结合应当表现为教学计划中的理论基础部分应具有很强的针对性，从培养职业能力这一目标出发，不受传统的学科体系思想的束缚。在教学中，基础理论教学以应用为目的，以必需、够用为度；专业课教学要加强针对性和实用性，强调课程的综合化，努力实现专业基础课与专业课、专业理论与生产实际应用的综合和理论课教学与实践课的综合，专业课程的设置上要反映出新技术和传统技术兼顾，通过课程综合化来提高效率，培养综合技术的应用能力。

二、职业教育理论教学方法述评

我们介绍几种常用的理论性教学方法。

（一）讲授教学法

讲授教学法是指教师通过口头语言表述、讲解、讲演等形式向学生系统地传授知识的教学方法，属于教师与学生之间“传授 - 接受”型的教学方法。运用讲授法，职业学校的教师可以通过合乎逻辑的分析、论证，生动形象地描绘、陈述，启发诱导性地设疑、解疑，使学生能够在较短的时间内获得较为全面系统的知识。

1. 讲授教学法的优点和缺点

讲授教学法源远流长，是长期以来人类教育中最为重要的教学法之一。在职业教育教学中运用之，优点非常突出。①能够直接、高效地讲解和传授职业课程中的专门知识和技术原理。教师运用讲授法对这些内容进行清晰地剖析，是进一步进行实践教学的重要前提和基础。②运用讲授法教学成本低廉，教师能在较短的时间里将科学知识系统、连贯地传授给学生。③教师比较容易控制所要传递的教学内容和所需的教学时间，有利于教师主动性的发挥。④具有适应性强和灵活性大的优点，能在各种情况下进行，并能根据学生的反应，随时调节，吸引学生的注意力，启发学生思维。⑤能够寓思想教育于其中，具有很强的感染力。

然而，讲授教学法的缺点也很明显。①讲授教学法是一种“传授 - 接受”型的方法，其实施效果的优劣，在很大程度上取决于教师个人语言表述能力的强弱，因此，不同的教师实施此种方法效果有很大的差异；②讲授教学法主要依赖于教师的讲解，如若把握不当，容易造成学生在教学过程中处于思维和学习的被动状态，影响学生积极性、创造性的发挥；③职业教育教学的特殊性在于理论与实践的紧密结合，尤其要培养学生动手操作和创造性的制造能力，因此，过多地使用讲授教学法则会使职业教育劳而无功。

2. 讲授教学法的实施策略

（1）在基础学科学习和低年级学生的教学中，应当广泛地使用讲授教学法。如在会计课的教学中，根据不同阶段的教学内容，采用不同的教学方法。对于统计专业的学生，开始接触会计课程时，首先开设“基础会计”，以使学生掌握扎实的基础理论和基本概念。在此阶段主要采用“讲授教学法”，通过课堂面授，辅之直观形象的教学手段，将会计的基础理论和基本概念以实物或图示的形式表现，为学生继续学习专业会计打下坚实的理论基础。

(2)在讲授具体课程时首先要激发学生的学习兴趣。运用讲授教学法首先要促使学生产生对本学科的兴趣,从而产生学习的内在动力。教师应当指导学生对本学科产生某些基本的认识,让学生对该科学习做到心中有底。

(3)分析和研究教学内容,着意处理好“三点”:教学重点、教学难点、教学关键点。教学重点是指学生必须要掌握的基础知识和教材重点内容;教学难点是指学生难于理解和掌握的某些知识和内容;教学关键点指教材中起决定作用的知识和内容,学生掌握它,其他有关的知识和内容能够比较顺利地理解和掌握。这“三点”教师在运用讲授教学法进行教学之前必须做到心中有数。

(4)积极提高课堂讲授艺术。首先,需要教师在课前认真备课,既备教学内容,又备学生、备教法,对于教学内容与具体教学方法的匹配做到心中有数。其次,在讲授时则要做到教学内容熟悉,教法运用熟练自如;语言流畅生动有趣,抓住重点、难点讲解,由浅入深,层次分明;教态自然、板书工整,概括性、推理性强。再次,讲授中尽量运用直观教学法。充分利用挂图、模型、投影片等教具讲解,使内容深入浅出,明白易懂。最后,要注意适当运用提问、反问、设问法讲授,让学生有充分的思考机会,以理解更深刻,并且能够兼顾所有学生。

(二)谈话教学法

谈话教学法,亦可称为问答教学法,就是教师和学生用口头问答的方式进行教学的方法。长期以来,谈话教学法是一种重要的教学法,已经被广泛地应用在各级各类教育教学之中。对于职业教育的理论教学而言,这同样是一种不可或缺的方法,如对于技术操作要领与技术操作规程的问答等。从实现教学任务来说,谈话教学法可以区分为引导性谈话、传授新知识的谈话、复习巩固知识的谈话和总结性谈话。如按教学目标来区分,谈话教学法则可以划分为启发式谈话、问答式谈话和再现式谈话。

1. 谈话教学法的优点和缺点

谈话教学法在现代教学中被广泛使用,其优点是明显的。①教师利用口头语言与学生交流、对话,在有目的的问答和谈话中,激发学生的思维活动,培养学生的思考能力和语言表达能力,唤起和保持学生的注意力和兴趣;②通过有效的、富于技巧的谈话教学,教师能够很好地引导学生的思路,在对话中引发新思想和新认识,最终对所要学习的知识有更为深刻的认识;③在关于传授操作技能的教学中运用谈话教学法,可以使学生在教师的启发、提示下,发现问题、分析问题、寻求假设、进行实践试验,能够有效地锻炼学生的手脑并用能力。

当然,由于谈话教学法要求教师不仅要有良好的语言表达能力,而且要求教师在面对学生可能出现的种种意想不到的回答时，仍然能够引导学生摆脱歧误的思路，形成正确的认识。因此，谈话教学法要求教师要有较好的谈话技巧，否则可能导致教学费时而效果不佳；而且，谈话教学法只能够就某个针对性强的问题进行引导，而不适合用于传授系统全面的知识。

2. 谈话教学法的实施策略

（1）教师要充分备课，根据教学目的、教学重点和学生实际情况拟订谈话题目。

（2）教师不仅要对所提问题必须做到心中有数，而且要对学生可能出现的回答和反应也要有所设想和准备，并对如何应对有进一步的考虑。因此，运用谈话教学法切忌不假思索，信口乱问。避免形成教师即兴提问，学生一哄而答的局面。

（3）教师提问要面向全班，避免先点人、后提问的方式。先点人、后提问会使学生无思考时间，反映不出学生掌握知识的情况，使提问流于形式。同时，由于提问只集中于某个学生，绝大多数学生则往往对于提问不注意听，不肯多加思考。所以，教师提问要面向全班，使全班同学都听清提出的问题，并稍做停顿，给予适当的思考时间，然后再点名让学生回答。

（4）因材施教，根据学生的差异设计问题。教师的提问在注意普遍性的同时更要注意针对性。要设计难易程度不同的问题，选择不同层次的学生回答，使所有学生都能积极思考，有所收获。

（5）教师提问时，语言必须准确清晰，问题的呈现必须精炼而简明，要使学生能够清楚地知道教师提问的内容。

第三节　职业教育的实践教学方法

职业教育的教学除了理论教学之外，仍需要开展实践教学。这是由职业教育的特性决定的。因此，也存在各种实践性教学方法。

一、职业教育实践教学概述

职业教育的实践教学是形成技术应用能力的重要教学组成部分，因此绝不能视其为理论教学的辅助部分。职业教育的实践教学主要包括验证性实验、认知性实验、上机、实训、毕业实习、设计、现场参观等。通过这些方式使理论教学、技术训练、实习操作有机结合，使学生能够将理论知识转化为实践技能，甚至学到书本上没有的知识，既体会到创造的乐趣，又培养自己的动手能力。

二、职业教育实践性教学方法述评

国内外职业教育在长期的发展中,形成了以下几种重要的实践性教学方法。

(一)要素作业复合法

要素作业复合法是按照操作技能的掌握总是遵循由易到难、由简到繁、循序渐进的原则及规律,通过对手工生产劳动过程的分析,将某项工种分解成若干相互承接的简单工序,即要素工序,让学生在熟练掌握这些要素的基础上,进行复合、应用而形成简单作业。在此基础上进一步学习新的工序,与已学工序形成逐渐复杂的作业。从而使学习成为一个由简到难、循序渐进的过程,使学生技能不断提高。

要素作业复合法实际上是将要素作业法与个别工序复合作业法结合起来,既兼顾了对某项工作的掌握与熟练,又兼顾了对此项工作所在的工种整体技术的不断熟悉与掌握,是一种行之有效的实践性教学方法。此种方法在使用中,要注意把握如下策略。

(1)为了能够精确地确定作业的要素工序,必须认真分析工种的特点,找出其原理和步骤所在,分解出最基本的要素工序。

(2)为了使用此种方法,学校必须要具备相应的实习工厂,备有各种工具,陈列以某些操作要素的作业方法为基础而加工成的各种单元作业板,让学生按照规定的程序进行制作。

(3)要素作业复合的进度、难度必须根据学生的心理特点和技能水平来确定。学生在实践和操作前,必须要接受非常细致的理论讲解;在实践过程中,要接受及时的指导。

(4)在不断操作与学习的过程中,要加强对学生技能形成的反馈与纠正。

(二)模拟教学法

模拟教学法正是为了创造有助于师生互动,特别是学生主动参加学习的情境。在这种情境中,他们通过反复练习,进而会预期形成自然的、符合现实经济活动要求的行为方式、智力活动方式和职业行为能力,即在专业能力、方法能力、社会能力和个性方面得到发展。

因此,模拟教学法是一种以教学手段和教学环境为目标导向的行为引导型教学模式。这种方法是在学生已经具备了一定的专业理论知识以后,需要进一步了解职业技术的基本原则,掌握职业技术的具体操作方法和实践形式,从而养成操作能力时可以采用的教学方法。通过模拟环境、模拟角色、模拟操作程序等达到教学理论与实践的统一。

1. 模拟教学的分类

模拟教学分为模拟设备教学与模拟情境教学两大类。

（1）模拟设备教学法。模拟设备教学主要是靠模拟设备作为教学的支撑，其特点是不怕学生因操作失误而产生不良的后果，一旦失误可重新再来，而且还可以进行单项技能训练，学生在模拟训练中能通过自身反馈感悟正确的要领并及时改正。如操作机床，学生可以在学校实验车间操作机床，制作模型。

（2）模拟情境教学法。这是根据专业学习要求，模拟一个社会场景，在这些场景中具有与实际相同的功能及工作过程，只是活动是模拟的。通过这种教学让学生在一个现实的社会环境氛围中对自己未来的职业岗位有一个比较具体的、综合性的全面理解，特别是一些属于行业特有的规范，可以得到深化和强化，有利于学生职业素质的全面提高，如模拟客房、模拟病房和模拟商店等。

在模拟情境教学法中，值得一提的是“模拟公司法”。“模拟公司”起源于20世纪50年代的德国，是指人为创造的经济活动仿真模拟环境，作为经济类专业的实践教学场所和组织形式。学生在其中可经历全部业务操作过程，了解和弄清其各环节之间的联系，而又不必承担任何经济活动风险。实践证明，“模拟公司”能够有效地解决职业学校经济类专业实践教学的难题，有助于培养学生的实践能力和增长相关知识。

2. 模拟教学法的实施策略

（1）开展模拟教学的前提条件是建设符合教学要求的场地和设施。在现代职业教育教学中，大量建设一流的实验、实训基地，以及通过计算机建立虚拟的仿真教学环境，都可以为开展模拟教学打下基础。

（2）模拟教学可以有不同的教学目标与任务。即可以针对单向技能、综合技能和应用能力进行训练。综合技能的形成依赖于单项技能的形成；而实际应用能力的形成则必须通过反复训练和模拟来完成。

第四章 职业教育法律研究

第一节 职业教育法概述

一、职业教育法的含义

根据培养目标和培养对象的不同，我国教育分为四种教育形式：基础教育、高等教育、职业教育与成人教育。基础教育是为满足青少年适应社会和自身未来发展需要而进行的知识储备教育；高等教育一般是指普通高等教育，培养目标是高级普通型人才；成人教育涵括了一次性学校教育后所有成人的教育，成人教育的特点决定了其培养目标的广泛性、多样性；职业教育，是指受教育者获得某种职业或生产劳动所需的职业知识技能和职业道德的教育，职业高中、中专、技校等职业学校的教育及对职工的就业前培训等，都属于职业教育，与普通教育和成人教育相比，职业教育侧重于实践技能和实际工作能力的培养，它是教育的重要组成部分，是促进经济发展和劳动就业的重要途径。

职业教育法有广义和狭义之分，广义的职业教育法是调整职业教育活动的法律规范的总称，它包括宪法、教育法、劳动法中有关职业教育的法律规范，包括《中华人民共和国职业教育法》，还包括有关职业教育的教育行政法规、规章、条例等；狭义的职业教育法仅指 1996 年 5 月 15 日经第八届全国人民代表大会常务委员会第 19 次会议通过并颁布，于 1996 年 9 月 1 日起实施的《中华人民共和国职业教育法》（以下简称《职业教育法》）。《职业教育法》共五章四十条，它对职业教育的地位、作用、体系结构、方针原则、办学职责、管理体制和经费渠道等都作了规范。本书所说的"职业教育法"，指的是广义上的职业教育法，职业教育法是我国教育法律体系的重要组成部分之一，它是我国职业教育健康发展的法律保障。

二、职业教育法的特征

（一）主体的多元化

职业教育活动涉及到各级职业教育行政机关、各级各类职业教育机构和职业培训机构，也涉及到行业、企业和许多家庭与个人，从而使职业教育法的主体呈现多元化倾向。

职业教育法要求，各级人民政府应当将发展职业教育纳入国民经济和社会发展规划，行业组织和企业、事业组织应当依法履行实施职业教育的义务；县级以上地方各级政府要负责办好并起到骨干和示范作用的职业学校和职业培训机构，对企业事业组织、社会团体、其他社会组织及公民个人办学要给予必要的扶持；行业主管部门、行业组织应依法举办或与其他方面联合举办本行业的职业学校和职业培训机构；企业应依法建立职工培训制度，对本单位职工进行培训，并根据企业发展的长远需要和职业教育法的要求，承担对准备录用的人员实施职业教育的义务；实行多种形式的联合办学是我国发展职业教育的一条成功经验，国家大力倡导和支持发展多种形式的民办职业教育，鼓励事业组织、社会团体、其他社会组织及公民个人依法举办职业学校和职业培训机构，欢迎国外、境外组织和个人依照我国法律同我国境内职业教育机构和其他社会组织联合举办职业学校或职业培训机构。

（二）适用范围的广泛性

《宪法》第十九条规定，国家举办各种学校、普及初等义务教育，发展中等教育、职业教育和高等教育，并且发展学前教育。国家发展各种教育设施，扫除文盲，对工人、农民、国家工作人员和其他劳动者进行政治、文化、科学、技术、业务的教育，鼓励自学成才。国家鼓励集体经济组织、国家企事业组织和其他社会力量依照法律规定举办各种教育事业。《职业教育法》规定，公民有接受各种形式的职业教育和职业培训的权利与义务。《劳动法》第六十七条规定，各级人民政府应当把发展职业培训纳入社会经济发展的规划，鼓励和支持有条件的企业、事业组织、社会团体和个人进行各种形式的职业培训；第六十八条规定，用人单位应当建立职业培训制度，按照国家规定提取和使用职业培训经费，根据本单位实际，有计划地对劳动者进行职业培训。

因此，从职业教育对象来看，它涉及到工人、农民、国家工作人员和其他劳动者；从调整范围来讲，它涉及到职业教育内部的各类社会关系，诸如各级职业教育行政组织之间的关系，职业教育行政组织与各级各类职业教育学校、培训机构的关系，各级各类学校之间的关系，各类职业教育、培训机构与被教育者的关系等。

(三)法律关系的多样性

职业教育法律关系是多样的。一方面,它涉及到国家教育行政机关在实施国家教育权过程中与其相对人发生的各种行政法律关系;另一方面,也涉及到如教师聘任、学校间的联合办学等平等主体之间的民事法律关系;同时,在国家和学校之间、学校与学校之间等也存在某些经济法律关系;在企业与劳动者之间存在着劳动关系;而师生之间还存在着一种非民事关系、非行政关系的特殊法律关系。

(四)处理方式的特殊性

教育法解决纠纷的手段也不同于其他法律。民事纠纷一般采用民事诉讼的办法解决,而教育纠纷主要采用行政手段,如行政调解、申诉、仲裁、行政裁决等,以及行政诉讼的手段来解决。对学生错误行为的处理主要是采取批评教育的方式。

(五)职业教育法的多变性

由于职业教育法是教育法的重要组成部分,而教育法主要以教育行政为中心内容,教育行政本身又是动态的,因此,教育法必然随着教育行政的变化而变化。尤其是中央政府的部委所制定的部门教育规章和地方行政机关制定的政府教育规章变动更为频繁。因为行政规章是为行政机关行使职权和适应实际需要而制定的,并可自行修订,不需经过严格的立法程序,因此,修改较频繁,变化性更大。

第二节 职业教育的法律责任

一、职业教育法律责任的含义

法律责任有广义和狭义之分。广义的法律责任包括两个方面:一是法律规范所规定的不必强制履行的各种应尽的义务。例如法律规定在管理和发展教育方面政府应尽的义务、各种社会组织应尽的义务、学校和教师以及学生应该履行的义务等,同时要求人们主动自觉地履行。二是行为人由于实际违反了法律规定而必须承担的法律责任。狭义的法律责任专指后一种情况。本节所讲的法律责任是狭义上的法律责任,指因违法行为而必须承担的具有强制性的法律后果。

教育是一种以培养人才为基本宗旨的公益性事业,是通过法律形式进行控制的。这种法律控制包括对违法行为的法律追究。教育法律责任是指教育法律关系的主体违反了教育法律规定的义务,在法律上应当承担的义务,是由于违反教育法规定的行为所产生的一种法律后果。

承担法律责任的前提是法律关系的主体实施了违法行为，但并不是所有的违法行为都承担相同的法律后果。根据违法主体的法律地位、违法行为性质和危害程度，一般将教育法律责任分为行政法律责任、民事法律责任及刑事法律责任。

（一）行政法律责任

行政法律责任是指行为人实施了行政违法行为而应承担的法律责任，简称行政责任。进一步说，就是行为主体违反了属于行政方面的法律、法规所规定的义务，致使国家、社会或公民的利益受到损害时，在行政上所应承担的法律后果。行政责任的特征在于：

1. 行政责任归于违反了行政法律义务而产生。包括国家机关及其工作人员在管理和发展教育事业、实施教育活动中的行政不当行为，学校及其他教育机构及社会组织和个人的违法行为等。

2. 行政责任是由人民法院或有关国家行政机关依照相关行政法规定的条件和程序予以追究的，其他机关和其他社会组织无权行使这一权力。

3. 追究行政责任，除适用行政诉讼程序外，还可以适用其他行政程序。例如，行政复议制度、教师申诉制度、学生申诉制度等。

（二）民事法律责任

民事法律责任是指由于实施了民事违法行为所导致的赔偿或补偿的法律责任，简称民事责任。民事法律责任通常是一种损害赔偿责任。民事法律责任从内容上可以划分为侵权的民事责任和违约的民事责任。民事责任的特点表现为：

1. 民事责任基于民事违法行为而产生。主要包括违反合同的民事责任和侵权的民事责任。违反合同的民事责任，是指合同当事人不履行合同义务或履行的义务不符合法定或约定条件时所应承担的民事法律。侵权的民事责任，是指行为人因不法侵害他人财产权利或人身权利而应承担的财产责任或其他责任。即受害人有请求赔偿的权利，加害人负有赔偿义务。

2. 民事责任主要是财产责任。民法主要是调整平等主体之间财产关系和人身关系。其中，即使是因人身关系而导致的纠纷，如侵犯姓名权、名誉权等，其承担责任方式也可以是财产责任。

3. 一定条件下，民事责任可以由当事人协商解决。违法者一般应主动承担，拒不履行时，才由受害人请求人民法院裁决。

4. 民事责任既有个人责任，也有连带责任或由相关人负替代责任。

《教育法》第八十一条对违反教育法的民事责任做了原则规定："违反本法规定，侵犯教师、受教育者、学校或者其他教育机构的合法权益，造成损失、损害的，应当依法承担民事责任。"

（三）刑事法律责任

刑事法律责任是指由于实施刑事违法行为所导致的受刑罚处罚的法律责任，简称刑事责任。刑事责任是一种惩罚最为严厉的法律责任。刑事责任的特点表现为：

1. 承担刑事责任的依据是严重违法行为，即由犯罪行为引起，其社会危害性大。一般的违法行为，不触犯刑法的，不承担刑事责任。

2. 认定和追究刑事责任的是审判机关，即只有人民法院按照刑事诉讼程序才能决定行为人是否应承担刑事责任。其他机关没有这项权力。

《教育法》在第七十一条、第七十二条、第七十三条、第七十七条对挪用、克扣教育经费，扰乱教育教学秩序，破坏校舍、场地及其他财产，招生中徇私舞弊的行为追究刑事责任做了规定。在《刑法》第一百三十八条和第四百一十八条中，针对教育犯罪特点，专门设置了"教育设施重大安全事故罪"和"招收公务员、学生徇私舞弊罪"。

一般来说，违法行为属于哪类违法范围，就承担哪类法律责任，如果违法行为属于行政违法范围，就要承担行政法律责任，如果行政违法行为同时涉及民事范围或触犯了刑法，那么除了承担行政法律责任外，还要承担民事法律责任或刑事法律责任。我国的《民法通则》第一百一十条规定："对承担民事责任的公民、法人需要追究行政责任的，应当追究行政责任；构成犯罪的，对公民、法人的法定代表应当依法追究刑事责任。"其基本意思就是法律责任可以同时承担。

二、教育法律责任的归责要件

教育法律主体只有具备教育法律责任的归责要件才被认定为教育法律责任主体，承担相应的法律责任。而教育法律责任又分为行政法律责任、民事法律责任、刑事法律责任。在本节中，重点介绍行政法律责任。行政法律责任的构成要件一般包括如下三个方面：

（一）行为人已构成行政违法及部分的行政不当

法律责任的本质就是通过法律裁判的手段对超越法定权利义务界限的违法行为所给予的一种否定性评价和谴责，通过由责任主体承担相应的带有否定性结果的强制义务来使被破坏了的法定权利、义务得到恢复，违法行为得到纠正，并使由违法行为而引起的利益矛盾或价值冲突得到合理的调整和解决。因此法律责任必须以违法行为的产生为前提，没有违法行为就不会有法律责任。

（二）行为人须具有行政法律责任能力

责任能力是指行为人能够独立辨认行为后果并承担行为后果的能力和资格。在具体的法律关系中分别表现为行政责任能力、民事责任能力和刑事责任能力。责任能力和行为能力是相对称的一对概念，行为能力是指法律关系的参加者能够以自己的行为依法行使权利和承担义务的能力和资格。与责任能力不同，行为能力强调的是行为人能否做出某种行为，而责任能力强调行为人能否为自己的行为后果承担责任。在现行法律中，自然人的行为能力分为完全行为能力、限制行为能力和无行为能力三种，与此相对应，自然人的责任能力也分为完全责任能力、部分责任能力和无责任能力三种；法人或其他组织的行为能力分为完全行为能力和无行为能力两种。与此相对应，法人或其他组织的责任能力也分为完全责任能力和无责任能力两种。衡量自然人的行为能力和责任能力的标准有年龄和智力状况两个。年龄与行为能力、责任能力的关系在不同的法律中有不同的规定，我国《刑法》规定，不满 14 周岁的人，已满 14 周岁不满 16 周岁除犯杀人、重伤、抢劫、放火、惯窃或者其他严重破坏社会秩序罪的人，不能辨认或者不能控制自己行为的精神病人犯罪的，不负刑事责任；我国《民法通则》第一百三十三条规定，无民事行为能力人、限制民事行为能力人造成他人损害的，由监护人承担民事法律责任，而不由行为人承担民事法律责任；我国的行政法规也规定了无责任能力不承担行政法律责任。由此可见，行为人须具有行政法律责任能力是行政法律责任的构成要件。与自然人不同，组织在法律上的合法资格是衡量组织是否具有责任能力的唯一标准。企事业单位、机关团体包括大多数的非法人团体，只要是依法成立、享有法律或有关机关授予的权能，则具备了法定的承担行政法律责任的能力，如果该组织违反有关行政法规，则必须承担与其违法行为相对应的行政法律责任。如果某组织不是依法成立，如非法办学的组织，则没有行政责任能力，不承担行政法律责任。但这并不意味着对其实施的违反行政法规的行为不予追究责任，只是责任不由其承担而已。

（三）行为人的行为须具有相应的情节

这里所说的情节是指行政法规定或认可的，体现行为人的主观恶性程度和行为的社会危害程度，并直接影响到违法行为的认定和责任承担方式的选择的主客观情况的总和。情节主要包括行为的时间、地点、程度、方式、目的、动机、态度等要素。

这些要素能反映行为人与后果有直接联系的主观恶性，同时也能反映行为对法律所保护的社会关系的危害程度。行为人之所以要承担法律上的责任，是因为其行为侵害了受法律保护的社会关系，衡量侵害与否，侵害到什么程度，情节是一个重要的标志。因此，情节是行政法律责任的法定构成要件。1995年《教育法》第八十条规定："违法颁发学位证书、学历证书或者其他学业证书的，由教育行政部门宣布证书无效，责令收回或者予以没收；有违法所得的，没收违法所得；情节严重的取消其颁发证书的资格。"在这里明确规定了情节是确定法律责任形式的依据。一般来说，情节较轻，承担的责任形式就较轻；情节严重，承担的责任形式就较重。

三、教育行政违法行为的免责条件

教育行政违法行为的免责是指行为已构成教育行政违法，但依法可以不承担教育行政法律责任。通常情况下，只要行为已构成违法，行为人就应承担相应的法律责任，但为了体现教育与惩戒相结合的原则，或者体现法律的公平原则，法律也规定一些特殊的行为可以不承担法律责任，这就是法律中的免责。根据我国现行法律规定及行政实践，行政违法行为的免责条件大致有以下四类：

（一）无责任能力

无论是自然人，还是组织团体，如果依照法律规定没有责任能力，可以免除当事者的法律责任，由监护者或由有法人资格的上级组织承担法律责任。

（二）超过时效

对违法行为的处理必须在实施违法行为后的一定期限内完成，如果所实施的违法行为已超过法律所规定的处罚时间，则再追究行为人的法律责任就失去了实际意义。因此，违法行为如果超过了法定追究时效，行为人就不再承担行政法律责任。如我国《治安管理处罚条例》第十八条第1款规定，违反治安管理的行为在6个月内公安机关没有发现的，不再处罚。

（三）情节显著轻微

违法行为情节轻微，后果不严重，在一定条件下（如经批评教育，主动认错，态度较好等）可以免予处罚。免除情节显著轻微的法律责任在我国行政法规中规定得最为广泛。我国《公务员暂行条例》第三十二条规定，违纪行为情节轻微，经过批评教育后改正的，就可以免予行政处罚。

（四）符合社会价值取向或者特殊需要

这主要包括：正当防卫行为、紧急避险行为、利害关系人同意的行为、执行必须执行的命令的行为。

第三节　主要发达国家职业教育立法介绍

我国于1996年9月正式实施《中华人民共和国职业教育法》。25年来，高等职业教育取得了长足的发展，在国民经济建设和社会发展中发挥越来越重要的作用。然而，法律调节的薄弱也越来越凸显其对我国高等职业教育发展的制约。

美国、德国和日本三国有悠久的职业教育立法历史，成效卓著。三国由于民族传统、法律文化、国家体制等不同，职业教育立法各有特色，但以法律作为规范、保障和促进职业教育发展的手段，则是他们的共同之处。由于在国情、历史、文化、制度等方面的不同，外国的立法我们不能照搬，但借鉴他们的成功经验对我国职业教育立法的促进作用不容低估。

一、加强职业教育立法，形成职业教育法规的系统性

职业教育法对职业教育的规范和保障作用有赖于职业教育法律体系的系统性。我国职业教育法存在法律阶位低、单项法不配套、数量少等问题。在职业教育领域，我国应逐渐形成以《职业教育法》为总法，以职业教育投入法、农业职业教育法、企业培训法、就业与职业培训法等若干行政法规为主体，辅以大量的职业教育行政规章、地方性职业教育法规、众多的职业教育相关的法律法规等构成的上下有序、内容全面、形式完整、协调统一的职业教育法规体系，为职业教育的发展奠定法律基础。

二、改进职业教育立法技术，增强职业教育法规的操作性

在我国，职业教育立法技术存在缺陷，语言表述需要改善，内容的确定性需要加强。如从结构上看，职业教育法规存在逻辑结构不当，内容安排欠妥，法规的章节条款、总体结构不够协调等问题；从立法语言上看，或过于笼统含糊，或不够规范简洁或简单照搬“上位法”条文，或彼此矛盾；从立法的内容上看，过于原则、抽象，“罚则”规定过于笼统甚至没有规定。立法技术的局限，使人们面对职业教育法规时，往往不知如何遵守、执行。为了改变这种状况，我们一要提高职业教育立法的语言艺术，使之定性准确；二要注意改善教育法规结构，使职业教育法规逻辑结构完整、总体结构

一致、条文设计合理；三要使法律条款明确、法律权利义务具体。职业教育立法在技术方面的大力改进，将极大地增强职业教育法规的操作性。

三、规范职业教育立法的程序，确保职业教育法规的权威性

我国职业教育立法存在立法前的研究，特别是实证研究不够、创制程序不规范等现象。外国的有益经验要求我们，必须在立法前成立专门的组织，进行深入的调查研究和科学的论证，注重健全职业教育立法机制，明确划分立法权限，杜绝越权立法，尤其要警惕隐性越权，制定专门法律，具体规定教育法规的创制程序，进一步强化权力机关在职业教育立法中的地位和作用，淡化职业教育立法中的行政部门色彩，确保立法程序的严格规范。

四、抓住职业教育立法的主要矛盾，体现职业教育法规的时代性

职业教育是社会经济联系最为紧密的一种教育类别，职业教育法应当及时反映市场的最新需求，肯定职业教育改革的经验，对职业教育中的难题，用立法加以引导、促进。但是我国的职业教育立法明显滞后于社会经济现实和职业教育改革的需要，为此应及时地对职业教育法进行废、立、改。社会经济问题及职业教育问题很多，不可能通过一部职业教育法解决所有问题，因此，在职业教育立法工作中，应注意分清轻重缓急，抓住主要矛盾。当前，经费问题是主要问题，因此，应把职业教育资金问题作为立法的重点，尽快以立法的形式，将资金问题的解决法律化。

五、综合设计职业教育的立法、执法和司法，强化职业教育法规实施的严格性

职业教育法的实施是一个系统工程，需从立法、执法和司法等方面全面设计，其中我们应从立法上对职业教育管理体制进行规范。目前我国的职业教育管理体制是不同的职业教育层次、类型由不同的部委、司局管理，甚至同一层次、同一类型的职业教育亦有不同主管部门，存在多头管理、职能交叉的现象，并且劳动保障部门、政府业务部门、行业协会等与教育部门缺乏很好的沟通衔接，教育、就业、培训之间互相分离。这种管理体制影响我国职业教育的统一管理，妨碍了职业教育法的有效实施，制约了职业教育的健康发展。因此应通过立法理顺关系，打破部门界限，成立专门的机构，实行对职业教育的统一领导。

第四节 职业教育法律规范与职业教育法律关系

一、职业教育法律关系的概念

职业教育法律关系是职业教育法律规范在调整人们有关职业教育活动的行为过程中形成的权利与义务关系。从上述概念中可以看出职业教育法律关系的基本特征：

（一）职业教育法律关系是由职业教育法律规范规定和调整的关系

职业教育法律关系与职业教育法律规范有着不可分割的联系，其他社会关系则没有这种必然联系。职业教育法律关系与职业教育法律规范的联系具体体现在两个方面：一是任何一种职业教育法律关系都是以与这种法律关系相适应的职业教育法律规范的存在为前提的。如果不存在相应的法律规范，那么，这种关系就不会具备职业教育法律关系的性质。二是任何职业教育法律关系一旦依法成立，便会受到相应职业教育法律规范的确认、保证和调整。职业教育法所规定的权利与义务就是通过这种具体的职业教育法律关系而成为人们生活的现实。职业教育法在调整职业教育关系，保障各方权利与义务的过程中得以实现。任何破坏这种法律关系的行为，都要受到法律的制止并引发相应的法律后果。由此可见，职业教育法律如果离开了对具体教育法律关系的确认和调整，便形同虚设，起不到调整职业教育关系的作用。

（二）职业教育法律关系是一种权利与义务关系

职业教育法律关系是国家以法律规范调整职业教育关系过程中形成的权利与义务关系。这种权利的实现与义务的履行是由国家强制力保障的。在职业教育法律关系中，法律关系的主体依法享有一定权利，也负有一定义务。法律以国家强制力为后盾，保障法律关系主体合法权利的实现和法定义务的履行。任何侵犯他人合法权利和不履行法定义务的行为，都将受到法律的制裁。由此可见，职业教育法律关系与一般社会关系的区别不仅在于它以法律上的权利与义务为内容，而且在于这种权利的实现和义务的履行是由国家强制力来保障的。

二、职业教育法律关系的类型

职业教育法是调整职业教育关系的法律规范的总和。这些关系虽然复杂多样，但就其性质而言可分为两类：一类是纵向性的法律关系，一般称为职业教育行政法律关系；另一类是横向性的法律关系，一般称为职业教育民事法律关系。

职业教育行政法律关系是国家行政机关在职业教育行政过程中发生的关系。这一关系反映的是国家与其相对人的纵向关系，其实质是国家如何领导、组织和管理职业教育活动。在这一关系中，国家职业教育行政机关是最主要的当事人，与国家职业教育行政机关相对的另一类当事人则主要是职业教育学校及其他职业教育培训机构、职业教育职员、接受职业教育者。当国家职业教育行政机关行使职业教育行政职能时，便与上述各行为主体发生法律关系。所以，国家职业教育机构的存在及其职业教育行政职能的行使是职业教育法律关系产生的先决条件。

教育行政法律关系是以权力服从为基本原则，以领导与被领导的行政管理为主要内容。在这一法律关系中，国家职业教育行政机关与其相对人的法律地位是不平等的。国家行政机关处于管理的、领导的和主动的法律地位，而其管理的相对人，如学校、教师、学生等处于被管理的、被领导的和被动的法律地位。法律关系的形成与变更通常不取决于当事人双方是否达成共同意愿，而取决于具有法定职权的教育行政机关一方的决定，教育行政机关可以不考虑相对人的意愿做出处置决定。教育行政机关一旦做出决定，下达了行政命令，职业教育行政法律关系就形成了。在这种关系中，行政相对人必须无条件服从，否则就可以追究其法律责任。

职业教育行政法律关系与一般行政法律关系相比，既有共性，又有差异性。在教育行政法律关系中虽然也存在着“强迫性”的行政法律关系的特征，如职业教育行政部门对教育事业的宏观调控权力等，但其强迫度明显弱于其他行政法律关系。即教育行政机关在做出某种决定时还需要在一定程度上考虑其行政相对人的意愿。尤其扩大学校办学自主权后，职业教育行政机关与学校的关系就更是如此。另外，职业教育行政关系与一般行政管理者之间的领导与服从、命令与执行的隶属关系不同，它必须考虑其管理相对人的特点，这就不能简单地将它与一般的行政法律关系同等对待。

教育民事法律关系是不具有行政隶属关系的学校与行政机关、企事业组织、集体经济组织、社会团体、个人之间在职业教育活动过程中发生的关系。这类关系是在共同意识表示的基础上建立起来的。各个平等主体之间在职业教育教学活动中所引起的财产所有和流转是这类关系的基本内容。职业教育法律关系涉及财产、人身、土地、学校环境、人才培养合作、科技成果转让、联办产业、联合办学等方面，其中有些属于民法调整的范围。

三、职业教育法律关系的产生、变更和消亡

职业教育法律关系以教育法律规范的存在为前提。但职业教育法律规范只是设定了职业教育法律关系的一般模式，其本身并不能创造职业教育法律关系。真正引起职业教育法律关系的产生、变更与消亡的是符合职业教育法律规范设定条件的法律事实。

所谓法律事实，是以法律规定能够引起法律关系发生、变更和消亡的客观情况。法律规范、法律关系、法律事实三者之间是有密切关系的。法律规范是判定法律事实是否成立的依据；法律事实是引发法律的发生、变更、消亡的直接原因；法律关系是法律事实导致的结果，也是法律规范作用与社会关系的表现。

第五章　职业培训

第一节　职业培训概述

一、职业培训的概念

职业培训，也称职业技术训练，是指对即将就业的人员和已经就业的职工，以培养其基本的职业技能或提高其职业技术为目的而进行的技术业务知识和实际操作技能的教育和训练。职业培训是保证社会劳动力能够适任职业岗位技术要求而进行的专业训练，是非普通教育的一部分。

职业培训有广义狭义之论。广义的职业培训是整个职业教育和训练、开发的总称，包括职业教育和职业技能开发两大类；狭义的职业培训仅指具体的职业教育和技能开发形式。本章所称的职业培训仅指某一具体教育形式，是与职业学校教育相对应的。职业教育和职业技能开发是既互相分工又互相交叉的两种职业培训方式，它们在教学原则、目的任务上是相同的，但在具体的教学内容、培训体制、培训手段等方面又各有特点。但有关劳动者技能的考核、鉴定等制度是适用于两者的共同原则。职业教育和职业技能开发的主要区别在于职业教育属于教育范畴，规定的是开展职业教育的具体原则；职业培训，又称职业技能开发，是指对即将就业的人和已经就业的劳动者进行的有关专业技术理论知识和操作技能和职业道德、职业纪律而进行的教育培训。职业培训的目的是为了提高和增强劳动者的就业能力和抗职业风险的强度，与劳动就业有着密切的联系，职业培训是基础和铺垫，劳动就业是结果和归属。有鉴于此，职业培训是劳动力资源开发和利用的一部分，劳动者只有具备一定的职业技能，才能获得就业机会。劳动者只有增强和提高自身的职业能力，也才能保证职业的安定。

二、职业培训的特点

职业培训是伴随劳动者职业生涯的重要内容，是劳动者职业生活中的重要组成部分，一个劳动者在其整个职业生活中，需要不间断地改进和加强自己的职业技能和文化知识，除劳动者自身的努力外，职业培训是其获得和提高自身职业技能和适应新技术、新工艺需要的主要渠道。所以，职业培训不是人生的早期阶段性教育，而是伴随其整个职业生涯的终身教育。因为，不仅更换职业的劳动者需要通过职业培训获得新知识、新技术、新岗位，而且就是一如既往地从事既有职业的劳动者，也需要通过职业培训提高和增强其适应新技术的能力和抗职业风险的能力。因此，职业培训除具有一般教育所有的特点外，还具有一些自身的特点，如培养目标的专业性。职业培训较普通教育更注重职业意识和技能的训练，以便把劳动者武装成为适应新技术、会操作、懂修理的新型职业劳动者，以及师资构成的多样性、学制的灵活性、教学和实践的结合性等。由于职业培训涉及就业前的适岗性训练和就业后的技能提高训练，因此，职业培训除具有上述职业教育的特点外，就在职培训方面，也具有明显的特色。

（一）在职培训的复杂性

职业技术培训中，在职培训与普通高校教育有显著的区别。在职职工择业后，不但有了安定的职业，而且职业意识和职业观都有了一定的基础；通过工作岗位的锻炼对本岗位、本职业的专业技术和知识都有了大量的感性认知，对在新形势下现代化技术对其本身提出的新要求和如何才能适应有了较深的体会，他们一般对在职培训有着比较客观和现实的理解。但由于在职职工多数已进入中年，家庭生活的负担、心理、生理的变化，又使其对重新进行职业培训有着不同的考虑和打算，并存在着各种不同的困难，对职业培训的态度也有着这样那样的顾虑。再加上企业生产任务重、技术骨干少，往往急需开展培训担任重要工种的职工和关键岗位上的职工都抽不出来，以至于职工培训的层次性和计划性难以体现，且造成在职培训的复杂性。这就需要进行在职培训时多注重思想教育，同时加强对企业领导人管理意识的改进培育，使其对职工在职培训的重要性以及对企业自身前途的影响有较客观和长远的认识，从而更加注重在职培训。在职培训面对各行各业的不同特点要求，及培训对象原有专业、年龄、文化程度等条件的差异，决定了在职培训必须是一种多学科、多层次、多形式的教育，这势必对职业培训提出了更高要求，要求他们根据培训目标的多样性，决定培训、时间、内容、方法，要因时施教，按需施教，这也是在职培训复杂性的另一个方面。

（二）定向培训的适应性

职业培训属于定向培训，这种定向性主要体现在三个方面：一是培训目标的定向性。职业培训是为了加快培训出适应国民经济发展需要的、适合本职业岗位、工种要求的，具有现代科学技术知识的专门性人才。因而在职业培训时不仅要传授专门的职业技能，而且还应注重劳动者的思想道德、奋斗目标和敬业精神的教育，使其在培训结束后能在短时期内成为职业技术能手和合格的社会主义建设人才。二是培训专业的定向性。职业培训不同于一般教育那样面面俱到实行全方位教育，而是根据职业培训目标的专业和岗位要求而进行的针对性教育和训练，因而一般要按照培训目标的专业进行培训。职业培训强调干什么学什么，缺什么补什么，所以培训目标的学习目的明确，培训内容针对性强。三是培训课程的定向性。由于职业培训是为了使即将就业的人员和在职职工提高专业技术技能和获取就业必需的专门知识，因而培训的课程都具有针对性。既有新职工的入学培训，也有关键岗位、骨干职工培训、班组长培训；既可进行初、中级工人培训，也可进行高级工人培训。所选用的教材都是适合上述培训对象而定的，既包括本职业所必备的基础知识，普及新技术、新设备、新工艺所要具备的基本技能训练，还要包括当前急需解决的生产过程中的关键问题。理论联系实际是职业培训的突出特点。

（三）速成培训的有效性

职业培训的对象多是在职成年人，要坚持以业余为主，除对即将就业的人员采用按部就班的系统性职业教育外，多数情况下难以进行脱产的全方位培训，所以，短期专题培训就成了世界各国对在职人员进行技术教育的主要方法。短期培训的优势在于速成。但职业培训的速成性不能只以时间短来衡量，而更为重要的是其培训的有效性。因而也就需要一些专门性的要术。具体来说，在培训内容上，一般要少而精；培训方法要尽可能适合成年人的特点，用在实践中锻炼的方法，以一事一训，单科独进、分科结业的方法进行训练。尽量少用时，多培训。速成培训中的有效性正是职业培训能够有的放矢的根本原因。职业培训的有效性，是职业培训的灵魂。它紧密联系实际，通过人力资源的开发，提高劳动者的素质，将潜在的生产力转化为现实的生产力，使职业培训的经济效益能够更好地发挥出来，并为以后的职业技能更新创造条件。

三、职业培训的形式与管理

《职业教育法》第十四条规定，职业培训包括从业前培训、转业培训、学徒培训、在岗培训、转岗培训及其他职业性培训，可以根据实际情况分为初级、中级、高级职业培训。因此,职业培训的形式主要包括以下几点：

（一）从业前培训

从业前培训是指对即将就业的初次城乡求职人员进行有关专业知识和职业技能训练。我国法律规定，劳动者从业前须进行必要的职业培训。从业前培训一般由就业训练中心进行。

（二）转业培训

转业培训是指对转换职业的劳动者进行的培训。由于劳动力市场的变化及企业生产经营的实际，一部分劳动者可能会失业，其再就业前必须进行必要的职业培训，一是提高其自身的职业能力；二是适应新职业对其提出的职业素质要求。此外，劳动力流动也使一部分劳动力自愿寻求职业转换，他们也是转业培训的主要对象。转业培训将是市场经济条件下主要的职业培训形式。

（三）学徒培训

学徒培训是指对被招用为学徒或培训生的即将就业的人员进行的培训。学徒培训属于就业前培训,在职业培训机构进行,是初级职业培训。

（四）在岗培训

在岗培训是在职培训的主要形式。在岗培训是指对工作岗位上的劳动者进行的职业技能训练，在岗培训由企业等用人单位的职业培训机构或委托相应的职业学校进行,在岗培训的种类很多,主要为中级职业培训。

（五）转岗培训

转岗培训是对转换岗位工作进行的培训,是用人单位内部岗位培训,也属在职培训。用人单位根据经济发展或技术进步的需要，对新增工作岗位的劳动者需进行必要的上岗培训。其中对从原工作岗位转换到新工作岗位的劳动者，要进行必要的转岗培训。

（六）其他职业性培训

其他职业性培训一般是指对特殊人员或特殊岗位劳动者进行的职业培训。如对从事特种岗位工作的劳动者须进行相关的安全等适岗培训，再如对企业经营者进行的培训等。职业培训根据培训等级，由相应的职业培训机构进行。这里所说的职业培训机构，既有国家举办的技工学校、职业培训中心等培训实体，也有非劳动部门创办的就业培训中心，以及民办的职业培训机构。

我国职业培训管理体系，由劳动行政部门管理、教育行政部门管理和行业主管部门管理所构成。其中，劳动行政部门管理是综合性、全面性的职业培训管理。劳动行政部门对职业培训的管理职权和范围大致包括下列各项：①制定职业培训的政策、规章、规则、标准等规范，统一制作有关证件和通用标志。②行使审批权。包括对职业培训实体的开办、职业技能鉴定机构的设立等进行审查和批准。③行使监督权。即它对整个培训活动实行全面监督，监督对象包括培训活动的开展，培训实体的设立和权益保护，培训合同的履行，培训经费的提取和使用，技能鉴定活动和发证工作等。④组织和领导对培训实体的评估工作，倡导和组织开展技能竞赛活动。⑤对培训中的违约、违法行为进行处理或处罚。

四、职业培训与职业学校教育的区别

根据我国《职业教育法》的规定，职业教育体系主要由职业学校教育与职业培训构成。职业培训与职业学校教育的主要区别在于：

（一）内容不同

前者偏重于操作技能的传授，主要针对某种岗位的特定要求进行训练；后者偏重于专业基础知识（包括文化知识）的传授，或者专业基础知识与操作技能并重，具有全面性和系统性。

（二）性质不同

前者为非学历教育，学制不固定，对考试或考核合格者发给培训合格证书；后者为学历教育，有固定的学制，对学完规定课程且考试及格者发给学历证书。

（三）形式不同

前者为非常规教育（含非学校教育），形式不一，大多由职业培训机构实施，有的虽由学校实施但不是常规化教学；后者为学校常规教育，即由职业学校或普通学校以常规的教学方式实施。

（四）管理体制不同

前者以劳动行政部门管理为主，只纳入职业教育管理体系；后者以教育行政部门管理为主，有的还可纳入普通教育体系。

第二节 我国的职业培训立法

一、我国职业培训的立法概况

自新中国成立以来，党和政府在不同时期都曾颁布过一些职业培训法规，对职业培训事业起了很好的推动作用。现就我国职业培训立法的概况简括如下：

（一）国民经济恢复时期

新中国成立初期，百业待举，国家急需恢复和发展经济，需要大量具有一定技能的劳动者。当时，不仅大批复转军人需要安置就业，就是在各大城市存在的大量旧社会遗留下来的失业工人和其他失业人员也需安置。当时政府颁布了一系列关于劳动就业的法规，采取多种措施加以安置和救济。其中包括大量举办各种转业训练班，一方面为失业人员重新安置创造了条件；另一方面为抓紧培训社会主义建设事业的劳动大军提供了保障。此外，还由地方劳动部门委托当地公私合营企业单位，采取师傅带徒弟的形式，进行现场培训，培训后的学员由政府劳动部门介绍就业或安置。

通过这些政策措施，不仅使大量失业人员及时得到重新就业，在很大程度上减轻了政府的就业压力，而且其中一些行之有效的措施，为以后我国的职业培训立法奠定了基础和提供了参考。

（二）有计划的经济发展时期

从 1953 年起，我国开始实施第一个五年计划。为了满足大规模生产建设对新技术工人的要求，政府建立了专门培训新技术工人的技工学校，并改革了在企业中培养新技术工人的学徒制度。在此期间政府颁布了一系列法规和文件，以促进职业培训事业的发展。1954 年劳动部颁发了《劳动部关于技工学校暂行办法草案》，1961 年劳动部又发布了《技工学校通则》对 1954 年的规定作了修订，同时还颁布了《关于技工学校学生的学习、劳动、休息时间的暂行规定》以及《技工学校人员编制标准（草案）》。1958 年国务院颁布了《关于国营、公私合营、合作社营、个体经营的企业事业单位学徒的学习期限和生活补贴的暂行规定》，对学徒制度作了进一步的规定，劳动部为此还制定了实施细则。

二、职业培训的立法原则

（一）先培后用原则

即先培训后就业或先培训后上岗，强调劳动力投入使用前必须先经开发（培训）。劳动者掌握某项专业知识或技能，经过考核鉴定后，发给职业培训和就业资格证书，方可就业或上岗。

（二）按需培训原则

即职业培训活动必须与经济、社会发展的实际需要相一致；职业培训的方向、内容和规模的确定，甚至职业培训的形式和方法的选择，都应当以经济、社会发展的实际需要为根本依据。其基本要求是，劳动力扩大再生产必须与物质扩大再生产同步进行，使劳动力（指经培训合格获得证书者）的技术结构大致符合经济和社会发展的近期、中期和远期要求。

（三）培训费用合理分担原则

即职业培训应当有偿进行，培训费用由国家依其职责和各方培训受益主体依其受益程度进行分担。这就要求应当合理界定国家、用人单位和劳动者对职业培训的投资责任。国家对经济和社会特需的人才实行公费培训；企业等用人单位应当有偿吸收、使用已接受过培训的人员并对其在用人员的培训承担投资责任；就业前的培训应由国家承担基本投资，劳动者则应自费就培。国家应当建立培训合同制度，有关各方应以合同形式明确和固定此种劳动力资源开发投资与受益的关系，以保障双方合法权益的实现。

（四）培训效益责任原则

即公立培训实体及其主管人员应对培训的社会效益和经济效益承担责任。培训的社会效益，以其满足社会需求的程度为标准；培训的经济效益，包括直接效益和间接效益；前者是指办学单位在一定时期内投入办学的人力、财力、物力与办学成效的比较，后者是指培训人员投入使用后所获经济效益的提高部分。追求培训效益，一方面要求我国抛弃单一的数量考核指标，重新建立起考核效益的指标体系，力求比较全面和正确地反映我国职业技能开发的状况和培训成效；另一方面要求对培训实体施行评估、奖惩制度，以激励办学高效化，努力避免低效或无效投入，以促进有限培训资源的充分利用。

（五）学用一致原则

即劳动力的开发与利用应当紧密衔接，开发是手段，利用是目的，重在人才的充分利用。根据这一原则，国家应宏观调控劳动力的流向，调剂人才余缺，最大限度地满足培训人员用其所学的愿望。根据这一原则，用人单位应当自觉地用人所长；培训实体应当按照实际生产、操作需要施教；劳动者则应当依本身从事的专业或愿意从事的专业就培，力争专业对口就业。

第三节　职业培训机构

职业教育机构，是指具体承担职业教育训练任务的各种办学机构。根据《中华人民共和国职业教育法》第十三条、十四条规定，职业教育机构主要包括职业学校教育机构和职业培训机构。职业学校教育分为初等、中等、高等职业学校教育，分别由相应的初等、中等职业学校实施；高等职业学校教育根据需要和条件由高等职业学校实施，或者由普通高等学校实施。职业培训分别由相应的职业培训机构、职业学校实施。其他学校或者教育机构根据办学能力，开展面向社会的、多种形式的职业培训。职业教育机构必须具备相应的教学能力，具备规范的教学科研设备和师资力量。只有具备国家规定的办学条件的教育机构才能成为职业教育机构。在此，我们主要介绍职业培训实体。

一、职业培训实体的性质和任务

职业培训实体是指开发劳动者职业技能，提高劳动者素质，增强劳动者就业能力和工作能力的各类培训机构，主要包括社会组织和个人单独或联合举办的技工学校、职业（技术）学校、就业训练中心、职工培训中心（学校）等；也包括境外机构和个人、外商投资企业（机构）单独或同境内的具有法人资格的社会组织联合举办的培训实体。

职业培训实体是承担职业教育与培训的机构，是职业教育机构的一种。职业培训实体首先是一个教育机构。它应具备学校的职能，为此，必须具有规范的教学管理机制，要遵照国家的总体教育规划安排教学。《中国教育改革和发展纲要》指出，到20世纪末，我国城乡劳动者的职前、职后教育应有较大的发展，要面向现代化、面向世界、面向未来，培养跨世纪的有较高文化素养的劳动者。要实现这一目标，职业培训实体就必须加大知识教育的力度，首要的任务就是知识教育。所以，职业培训实体必须把知识教育作为基础工作抓好，它是一个提高劳动者知识水平的教育机构。其次，职业培训实体是主要培养技能的教育机构。职业培训实体不同于一般的教学实体，它不承担基础性教育任务，它是偏重技能培养的教育机构。知识教育应服务于技能培养的需要，而不是面面俱到的全方面教育。为此，职业培训实体必须具有完备的技能培养条件，有较高水平的技师充实教师队伍。不仅要具有教学条件，而且还应有相应的生产实习基地，这样才能完成其职责。再次，职业培训实体是培养有理想、有道德、有文化、有纪律的社会主义现代化建设人才的专门教育机构。应把劳动者的职业道德、政治品德教育放在重要位置。应从多方面培养学员，提高其综合素质，使学员毕业后成为真正面向现代化的社会主义建设者，从这个层面上看，职业培训实体是与劳动就业有着密切联系的教育实体，是就业培训的中心。

职业培训实体是培养合格劳动者的教育机构。根据《职业培训实体管理规定》第三条的规定，职业培训实体的任务主要包括：

（1）承担各类职业培训任务。职业培训实体本身是一个职业教育机构，因而承担职业培训工作是其最基本的任务。职业培训实体属综合性职业训练园地，不是单一的专门学校，因此它应承担各类职业培训任务。

（2）职业培训实体应根据市场需要，培养具有较高技能的劳动者。职业培训实体是职前培训机构，它的宗旨和义务之一就是促进劳动就业，应把市场需求作为培训的目标导向，注重技能培养，使学员毕业后能迅速成为合格的劳动者。

（3）职业培训实体是社会性职业教育机构，其培训目标应面向全社会，为各类用人单位培养合格的技术工人，不能仅局限于某一行业或某一岗位要求，而应根据需要和可能，承担国家总体教育规划规定的社会职业教育和培训任务。

二、职业培训实体的成立、变更和终止

职业培训实体是依法成立的法人实体，因此其成立、变更和终止要符合国家法律、法规所规定的条件和程序，不能擅自开设、变更和终止。根据《职业教育法》和《职业培训实体管理规定》第八条规定，职业培训实体的成立应具备下列条件：

（1）有稳定的经费来源。

（2）有与办学规模相适应的办学场所，与专业（工种）设置相适应的培训设备和实习、实验场所。

（3）有与办学任务相适应的师资和管理人员。

（4）有必要的教学文件、教材、教具、教学仪器、图书资料和组织管理制度。

稳定的经费来源是职业培训实体赖以从事职业培训活动的基础，也是其权利义

务的载体。要有独立的经费才能使其成立也是法律规定的职业培训实体存在的基本条件之一。职业培训机构不是经营单位，也不是事业和机关，它是教育机构，因而还须具备教育单位必须具有的教学器材和教师队伍，以及相应的图书资料。职业培训实体开展活动，不能没有场所，场所要求也是职业培训实体得以成立的必要条件，没有场所，难以保证教学培训质量，也不符合法律规定的独立实体成立要件。上述四项条件是职业培训实体成立的基本要件，具有法人资格的职业培训实体在成立时，还必须符合民法通则规定的条件。职业培训实体是一个特殊的机构，其成立、变更和终止要依法履行相应的程序。具体而言：

以培养初级职业技能水平的劳动者和非技术岗位的劳动者为主要任务的职业培训实体，如果是政府举办，则由当地人民政府批准，报上一级劳动行政部门备案；如果是具有法人资格的社会组织举办，则由其上一级主管部门审批，报同级劳动行政部门备案；如果是个人举办，则由县、区劳动行政部门审批，报上一级劳动行政部门备案。

以培养中级职业技能水平劳动者为主要任务的职业培训实体，由国务院有关行业主管部门（社会团体）举办，在经得职业培训实体所在省、自治区、直辖市劳动行政部门审查同意后，报省、自治区、直辖市人民政府批准。

以培养高级职业技能水平劳动者为主要任务的职业培训实体，由国务院劳动行政部门审批。跨地区（部门）举办职业培训实体，应征得职业培训实体所在县级以上地方人民政府劳动行政部门的同意。境外机构和个人、外商投资企业（机构）单独举办的职业培训实体按上述规定执行，履行相应的程序。

企事业单位举办的职工培训基地，由企事业单位自行批准，报当地劳动行政部门备案。职业培训实体的更名、撤销或其他方面的变更都须按上述规定履行相应的程序，有的还须按规定发布公告，周知社会。

三、职业培训实体的培训对象

职业培训实体的培训对象应与其承担的培训任务相一致，属于培训初级技能的职业培训实体，只能招收与其能力相适应的受训人员，承担中级、高级技能水平人员的职业培训实体也应依此规定办理。但从总体上来说，职业培训实体的培训对象包括：

初次求职人员、失业人员、在职人员、转岗转业人员、出国劳务人员、境外就业人员、个体劳动者以及农村向非农产业转移的人员、农村向城镇流动就业的劳动者。

按照国家有关劳动就业法律、法规的规定，劳动就业实行学历证书和岗位合格证书或技术等级证书相结合的“双证书”制度，从事技术工种的劳动者，上岗前必须经过培训，初次求职的人员可能是只有学历证书的人员，他们在职前必须进行相应的培训，因此，职业培训实体应承担初次求职人员的培训任务。

失业人员、转岗转业人员，由于其自身技能素质不高，再就业只有经过培训才能实现，而且，失业人员的失业期限超过六个月者必须进行再就业训练是法律、法规明确规定的重新上岗要求，转岗转业人员进行相应的培训后才能适应新岗位的要求，其转岗转业前进行必要的培训有利于上岗后正常从事生产活动，所以国家规定失业人员、转岗转业人员必须进行职业培训，这部分人自然也就成为职业培训实体的培训对象。

出国劳务人员和境外就业人员，按照国家有关规定，在出国从事劳务活动前必须进行适应性培训，境外就业人员必须取得在华就业资格，这两类人员也只有经过专门培训后才能从事职业活动，所以也是职业培训实体的培训对象。“先培训，后就业”是我国劳动就业的基本方针，个体劳动者和农村向非农产业转移的劳动者，以及农村向城镇流动就业的劳动者，只有经过相应的岗前培训才能从事经营活动或就业，所以这几类人员也是培训对象。

在职人员进行职业培训，既是劳动法规定的企业法定义务，也是企业提高劳动者素质和提高经济效益的有效手段。同时，在职人员进行在职培训，又是劳动者有受教育的权利和义务的宪法原则的体现。职业培训实体承担在职培训人员的培训任务，大都是由企业自办职业培训机构承担的，也可以依照用人单位和社会培训实体签订的职业培训协议由社会办学单位进行培训。

需要专门的职业技能培训的妇女、残疾人、少数民族人员、军队退出现役人员。

职业培训实体的这部分受训对象是根据其特殊要求而确定的。妇女由于自身生理、心理条件，其承受职业风险的能力较差，特殊的职业要求需要有特别的训练。残疾人的职业培训和教育具有特殊性，《职业教育法》规定，残疾人职业教育主要由残疾人职业教育机构实施，各级各类职业学校和职业培训机构及其他教育机构应当按照国家规定接纳残疾学生。所以，职业培训实体的培训对象也应包括残疾人。少数民族人员和军队复转军人也是特殊就业群体，其在就业前必须进行必要和专门的职业教育和训练。

其他需要学习和提高职业技能的劳动者。上述两类职业培训实体受训人员都是依法定要求必须进行职业培训的人员，对他们进行职业培训是职业培训实体的法定培训义务。除此之外，社会上还有相当数量的各类人员自愿要求学习和提高自身的职业技能，对他们的职业培训要求，国家相当重视，将其纳入职业培训实体的培训对象之内。这类职业培训实体培训对象与上两类培训对象不同的是其受训的不特定性。

四、职业培训实体的权利与义务

职业培训实体是依法开展职业教育和培训的机构，它享有法律规定的权利，也承担相应的法定义务。根据《职业培训实体管理规定》和《职业教育法》的有关规定，职业培训实体享有如下权利：

（1）职业培训实体有权依法确定招生数量、招生办法、专业（工种）设置、内部机构设置、教职工聘任办法和奖金分配制度。

（2）职业培训实体可以对接受中等、高等职业培训的学生适当收取学费，标准由省、自治区、直辖市人民政府规定。

（3）职业培训实体有权与学员和用人单位签订培训合同，约定培训期间的有关内容。

（4）职业培训实体有权根据需要，采取多种形式办学。具备条件的职业培训实体可申请建立相关工种的职业技能鉴定站（所）。

职业培训实体的义务主要有：

（1）职业培训实体应依法开展职业培训活动。不得从事与法律、法规相抵触或超越法定权限进行职业培训活动。

（2）职业培训实体应按照国家颁布的专业目录设置的专业（工种）教学，并执行国务院劳动行政部门会同国务院有关行业主管部门颁发的教学计划、教学大纲；国家无统一规定的，应参照国家颁发的教学计划、教学大纲组织教学。

（3）职业培训实体应根据专业（工种）设置的实际需要，加强实验室、实习场所的建设。

（4）职业培训实体应采取先进的教学方法和教学手段，开展教学研究，进行教学改革。职业培训实体应结合培训内容加强爱国主义、职业道德和法制教育。

（5）职业培训实体举办企业和从事社会服务的收入应当主要用于发展职业培训。

第四节 职业培训合同

一、职业培训合同的内容

职业培训合同是指培训机构与用人单位或学员以及用人单位与其职工之间确立培训关系,明确双方权利义务的协议。

《职业培训实体管理规定》第十三条规定:“职业培训实体可以与学员签订培训合同;也可以与用人单位签订培训合同。培训合同应明确培训目标、培训内容、培训期限、培训费用或毕(结)业后的就业方式等。”

从该条规定可以看出,职业培训合同有两种:一是职业培训实体与学员签订的合同;一是职业培训实体和用人单位签订的合同。两者尽管同属职业培训合同,但在主体、权利义务的承负等方面却有着明显的区别。首先,从两种合同的主体来看是不相同的。前项合同的主体是职业培训实体和学员本人,学员是合同的一方当事人;后项合同的主体是职业培训实体和用人单位,学员不是合同的一方当事人,而属第三人,是职业培训合同的对象。其次,前项合同的内容是法律预先确定了的,职业培训实体和学员本人必须按照法律规定的要求签订和履行合同;后项合同是一种委托代培合同,合同的内容可以由双方约定,教育培训行为只是合同履行的方式。再次,前项合同中的学员是培训行为的直接承负者,职业培训合同中的有关权利义务由学员自己负担;而后项合同中学员培训活动是在执行用人单位的任务,履行的是劳动合同规定的义务,职业培训合同中的权利义务由用人单位承负。

职业培训合同是要式合同,双方当事人必须签订书面合同,按照法律、法规的规定确定职业培训合同的内容。职业培训合同的内容主要包括如下几个方面:

培训目标。指学员经过职业培训后应达到的知识水平和技能标准,这是职业培训合同的首要目标和基本目标,其他内容都是为了更好地实现培训目标而确立的制度措施。

培训期限。

培训内容。包括培训的课程、教材、实习内容等。

培训费用。培训费用的负担及缴纳方式。

毕(结业)后的就业方式。用人单位与职业培训实体签订的职业培训合同中,约定学员毕(结)业后,一般由用人单位负责安置;学员与职业培训实体签订的职业培训合同，规定学员毕（结）业后由职业介绍机构择优推荐就业及学员自谋就业。

职业培训合同是职业培训机构与受训人员或委托代培单位有关权利义务的协议，一经签订即具有法律约束力，双方须严格遵守合同的相关要件，否则将承担违约的法律后果。

职业培训合同须依法订立，即按照法律、法规规定的条件和程序进行。职业培训合同的合法有效须具备如下条件：一是合法主体签订的。合法主体包括双方当事人均有资格签订职业培训合同。对于职业培训实体来说，它具有法律规定的进行相关科目职业培训的资格；对于受训人员来说，须符合法定的受训对象及有劳动权利能力。二是职业培训合同的内容符合法律、法规的规定，不得损害国家、企业和劳动者的合法权益，不得违反社会公德和有损职业道德。三是依照法定程序订立职业培训合同。

二、职业培训合同当事人的主要义务

培训方的主要义务有：

（一）配备合格的培训教员

培训的质量，在很大程度上取决于教员的素质和能力，即取决于教员在实施培训活动中，对自己所承担的各项培训工作的适应范围和承受水平。这就要求培训方所配备的教员，应当具备扎实的专业知识和熟练的、规范的实际操作技能，有从事培训工作和教学工作的经验和能力。如培训教员不符合合同约定条件，影响培训质量的，培训方应当减收或者免收培训费。

（二）按约组织培训活动并按期完成培训任务

该项义务要求培训方在合同约定的期限内完成培训任务，保证学员能够从事合同约定的专业技术工作，或者掌握合同约定的职业技能。

用人单位对培训单位应尽的基本义务是选派合格学员和按期支付报酬。如因学员不符合合同约定条件，影响培训质量的，培训方不承担责任。受培训者的主要义务是学习，掌握培训任务所要求的知识和技能，遵守培训单位的规章制度。如与用人单位有约定，在培训期满后，必须回用人单位工作满约定的年限。

三、签订职业培训合同应注意以下几点

一是要认真考察培训单位有无办学资格。有无办学资格包括是否具备办学条件、是否依法成立两个方面。根据劳动部有关规定，职业培训实体应当具备一定的基本

条件，如有与办学规模适应的办学场所，有与专业（工种）设置相适应的培训设备和实习、实验场所；有与办学任务相适应的师资和管理人员等。二是要看其举办职业培训班有无履行必要的手续。根据有关规定，举办职业培训机构应经过有关部门的批准或备案。

一旦发现未经批准擅自举办职业培训或培训质量低下等现象，可以请求劳动行政部门监察机构处理。对违反合同约定的，可以依法追究其违约责任。

四、违反职业培训合同的法律责任

违反合同的法律责任，简称违约责任，是指合同当事人不履行或未完全履行合同约定的义务，依照法律规定或合同约定应当承担的责任。违反合同必须承担相应的法律责任，这是根据合同的性质确立的一项重要法律制度，合同当事人的违约行为，往往会使对方遭受损害，因此，违约责任的规定，既是对违约方的法律制裁，也是对违反合同的补救措施。这对于督促合同当事人严肃认真地订立合同，积极全面地履行合同，保护有关当事人的合法权益都具有重要的作用。违约责任是一种法律制裁。任何法律制裁都是有条件的。当事人承担违约责任的前提条件是该合同必须是有效合同，无效合同没有法律约束力。同时，承担违约责任以当事人有不履行合同义务或履行合同义务不符合约定的行为为要件。

不履行合同是指当事人没有履行合同约定的义务。履行合同义务不符合约定是指当事人虽然作了一定履行，但履行的标的、数量、质量、价金、时间、地点、方式等各项约定中有一项或几项不符合合同约定的要求。上述情形除非符合法定或约定的免责条件，否则都必须承担违约责任。

违反合同的行为往往给有关当事人造成损害，相应的行为人应当以一定的形式承担法律责任。承担违约责任的形式就是违约者对其行为应当承担的法律责任。当事人不履行合同义务或者履行合同义务不符合约定的，应当承担继续履行、采取补救措施或者赔偿损失等违约责任。实践中，通常采用以下形式：

（一）违约金

违约金是指以保证合同履行为目的，依照法律或者合同约定，当债务人违反合同时应当向债权人支付的一定数额的货币。

（二）损害赔偿

损害赔偿是指一方当事人因违约给对方造成损害时给对方所作的经济补偿。当事人可约定一方违约时应当根据违约情况向对方支付一定数额的违约金，也可以约定因违约产生的损失赔偿额的计算方法。约定的违约金低于造成的损失，当事人可以请求人民法院或者仲裁机构予以增加，约定的违约金远高于造成的损失，当事人可以请求人民法院或者仲裁机构予以适当减少。

当事人不履行合同义务或者履行合同义务不符合约定，给对方造成损失的，损失赔偿额应当相当于因违约所造成的损失，包括合同履行后可以获得的利益，但不得超过违反合同一方订立合同时预见到，或者应当预见到的可能违反合同造成的损失。

（三）继续履行

继续履行是指合同当事人一方因违约支付违约金或赔偿损失后，另一方当事人仍有权要求违约方履行合同的义务。当事人一方不履行非金钱债务或者履行非金钱债务不符合约定的，对方可以要求履行，但有下列情形之一的除外：法律上或者事实上不能履行；债务的标的不适于强制履行或者履行费用过高；债权人在合理期限内未请求履行。

第五节　职业技能鉴定

一、职业技能鉴定的概念、范围和体系

职业技能鉴定，是指职业技能鉴定机构对劳动者职业技能所达到的等级，依法进行考核、评定和证明，从而赋予劳动者一定的职业资格。《劳动法》规定，国家确定职业分类，对规定的职业制定职业技能标准，实行职业资格证书制度，由经过政府批准的考核鉴定机构，负责对劳动者实施职业技能考核鉴定。职业技能鉴定的含义中有下述要点：（1）它由政府批准的专门机构负责实施；（2）它以劳动者所具有的，并被列入国家规定职业范围的职业技能，作为鉴定对象；（3）它以国家制定的职业技能标准作为鉴定依据；（4）它以考核、考评作为鉴定劳动者职业技能等级的手段；（5）它以颁发职业资格证书作为确认、证明劳动者职业技能达到一定等级的法定形式。

职业技能鉴定的范围，即国家规定应列为职业技能鉴定对象的劳动者范围，它表明哪些劳动者的职业技能应当鉴定。现行立法规定：（1）各类职业技术学校和培训机构毕（结）业生，凡属技术等级考核的工种，逐步实行职业技能鉴定；（2）企事业单位学徒期满的学徒工，必须进行职业技能鉴定；（3）企事业单位的职工以及社会各类人员，根据需要，自愿申请职业技能鉴定。

职业技能鉴定的体系，由各个类别（系列）、各个等级的职业技能鉴定所组成。按照鉴定对象不同，可划分为工人职业技能鉴定和职员职业技能鉴定两大类，二者又各自按照工种、专业不同分别分为若干个职业技能鉴定系列。如车工、钳工等工种的职业技能鉴定和工程技术人员、教师、医生、律师、财会人员等专业的职业技能鉴定。按照鉴定等级不同，工人职业技能鉴定可划分为初级工、中级工、高级工和技师、高级技师职业技能鉴定；职员职业技能鉴定可划分为初级、中级工、高级职员职业技能鉴定。在我国现阶段，工人职业技能鉴定和职员职业技能鉴定分别由劳动行政部门、人事行政部门综合管理。本节所介绍的仅限于工人职业技能鉴定（也可说是狭义的职业技能鉴定）。

二、职业技能鉴定的机构

职业技能鉴定分两个层次设置专门的事业性鉴定机构，即职业技能鉴定指导中心（简称指导中心）和职业技能鉴定站或所（简称鉴定站），并设置职业技能鉴定考评员（简称考评员）。

指导中心由劳动部和省级劳动行政部门设置，有关行业经劳动部批准可设行业指导中心，它们分别负责组织、协调、指导职业技能鉴定工作，其职责一般包括：参与职业技能标准的制定，组建职业技能鉴定试题库，组织职业技能鉴定工作和考评员资格培训，开展职业技能鉴定的研究和咨询服务，推动职业技能竞赛活动。指导中心是事业性机构，在管理上实行中心主任负责制。

鉴定站的设立，必须完全具备法定的考核场地和设备、检测仪器、组织管理人员和考评员、管理办法等方面的必备条件；应当由申请建立的单位，按规定的审批权限报有审批权的劳动行政部门审批，并由审批机关发给《职业技能鉴定许可证》和授予统一的鉴定站标牌。鉴定站具体实施对劳动者职业技能的鉴定，在《许可证》所规定的范围内享有独立鉴定权。

鉴定技能等级的考评员必须具有高级工或技师、中级专业技术职务以上的资格，鉴定技师资格的考评员必须具有高级技师、高级专业技术职务的资格。考评员由指导中心进行资格考核，由劳动行政部门核准并颁发考评员资格证书和职业技能鉴定资格胸卡。鉴定站要在取得考评员资格的人员中聘任相应工种、等级或类别的考评员，组成专业考评小组，考评员要严格遵守考评工作守则和执行考场规则。

三、职业技能鉴定的标准

职业技能鉴定应当以现行的《工人技术等级标准》和《国家职业技能标准》等为

依据，对劳动者的职业技能进行考核、评定，职业技能标准，是由法定标准制定机构依法制定的，用以衡量劳动者技术业务水平和工作能力，并据以确定其技术等级的统一尺度。它根据各工种（专业）要求的技术、业务复杂程度、劳动繁重程度和责任大小，规定技能等级的数目以及各个等级具体的技术要求。

工人技术等级标准一般包括下列三方面内容：（1）职业理论知识要求（通常称为“应知”）。理论知识方面要求具有能胜任本工种、本等级工作所需的知识结构和知识水平。（2）职业技术操作要求（通常称为“应会”）。职业技能要求具有能胜任本工种、本等级工作所需要的实际技术业务能力结构和能力水平。（3）工作实例。在理论知识、业务技能考核的基础上，根据实际情况设置能体现本工种、本等级能力水平的典型工件或工作项目进行综合考核。上述各项可根据各行业工种的特定需要，适当进行选择或增减，工作实例亦据情设定。

国务院劳动行政部门负责组织制定、颁布国家职业技能标准；行业技术等级标准由行业主管部门组织制定，经国务院劳动行政部门核准，两家联合颁行；企业职业技能标准和岗位规范由企业制定。依法制定、颁行的工人技术等级标准，是一种具有法律约束力的技术规范。其效力表现为：（1）它是确定培训目标、评估培训成效的主要依据。（2）它是工人录用、上岗、转岗、晋级考核的法定依据。（3）它是确定工人工资、福利待遇的有效依据。（4）它是制定岗位规范的法律依据并构成岗位规范的主要内容。

四、职业技能鉴定的程序

职业技能鉴定的程序，一般包括以下环节：（1）申请及受理。申报职业技能鉴定的单位和个人，可向当地鉴定站提出申请，凡符合申报条件者，鉴定站应予受理登记，并签发准考证。（2）考核（或考评）。鉴定站应按规定的时间、方式进行考核（或考评）。考核小组应依法定原则组成，考评员参与考评实行回避制度，并应遵守考场规则；考试题目必须从题库提取，不得自行编制。（3）发证。劳动者经考核合格，由劳动行政部门核发相应的职业资格证书。工人技术考核的内容，包括三项：一是思想政治表现的考核；二是生产、工作成绩的考核；三是技术业务水平的考核。主要依据《国家职业技能标准》《工人技术等级标准》《岗位规范》以及技师任职条件进行技术业务理论和实际操作的考核。

五、职业资格证书

职业资格是指具备从事某一职业应必备的知识、技术和能力的基本要求。职业资格证书，是有关部门通过学历认定、资格考试、专家评定、职业技能鉴定等方式作出综合评价，对合格者颁发的、具有法律效力的证明文件，它包括《技术等级证书》《技师资格证书》和《高级技师资格证书》等多种。凡我国公民以及获准在我国境内就业的外籍人员均可依规定申请职业资格证书。

职业资格证书管理实行政府指导，劳动、人事行政部门综合管理的体制。依证书所证明的职业技能不同，区别为操作技能证书和专业技术证书，分别由劳动行政部门和人事行政部门负责；依证书的层次不同，分设为国家职业资格证书和地区职业资格证书，前者由国务院劳动、人事行政部门核发和管理；后者由省级劳动、人事行政部门负责实施。

职业培训证书的作用或社会功能，由国家法律赋予。一种情况是，只赋予它客观证明的效力，即证书所载内容只表明持证人所具有的技术等级或学历，供用人方参考，不涉及对持证人如何使用和给予何种待遇的效力；另一种情况是，不仅赋予证书客观证明的功能，而且赋予它权利凭证的性质，使证书所载的技术等级或学历，直接作为使用、待遇晋升的条件或资格。我国曾经使用后一种方式，现正在向第一种方式过渡。

依《劳动法》规定，我国对进入职业领域的劳动者实行双证制度，即培训结束，经考试考核合格，获得《毕业（结业）证书》；经技术等级鉴定，获得《技术等级证书》或《职业资格证书》。上述证书，是国家和社会对劳动者职业能力（技能）的客观认可，是劳动者在我国境内求职、任职、独立开业的有效凭证，也是用人方录用、聘用人员的主要依据。双证齐备者，具有优先录用资格；同时是公民境外就业、单位组织劳务输出进行公证的有效证件，如实行双边或多边互认的，还可直接作为境外就业的有效依据。

第六章 职业继续教育培训

第一节 现代职业继续教育培训的理论构架

科学技术的发展是职业教育与培训产生的原动力。职业继续教育与培训是现代教育体系建设的重要内容，在提高技能水平和社会生产力方面扮演着重要的角色。“十二五”以来特别是党的十八大以来，党中央高度重视科技创新，提出实施“创新驱动发展”国家战略。习近平总书记多次指出，要把创新驱动发展作为面向未来的一项重大战略。创新驱动发展关键是人才，人力资源已经成为当今经济社会发展的第一资源，向创新型国家目标迈进既需要一流的科学家，也需要数以亿计的高素质技能型人才作为支撑。职业继续教育与培训的主要目的，一是通过教育或培训的方式提高从业人员的专业技术水平，从而提高人员的竞争优势。二是通过教育或培训的方式传授专业技能，满足人员再就业或从事不同行业的需求。职业继续教育与培训的发展和改革是新时期教育的重要内容，是发展终身教育的有力途径。发达国家的科技和经济得以快速发展并维持在一个较高水平上的重要因素之一就是其职业继续教育与培训的领先与发达，德国、美国、日本等发达国家将职业继续教育纳入行政管理的范围，实现了继续教育的制度化、法制化，分析发达国家职业继续教育与培训的发展经验，立足我国国情，借鉴其有益经验，有助于促进中国特色职业继续教育与培训体系的完善和发展。

一、发达国家职业继续教育发展的经验

欧美等发达国家职业继续教育与培训多紧紧围绕经济发展与行业特色进行，其在法制化、培养模式、课程设置、校企合作等方面成功的经验有许多值得借鉴的地方。

（一）职业继续教育与培训实施的法制化

通过立法、颁布政策条文以保障职业继续教育与培训的顺利进行，是美国、德国在内的发达国家推动继续教育与培训工作的重要经验。1966 年，美国出台了《成人

教育法》,而后又相继出台了《全面就业与培训法案》《终身学习法》《职业培训计划》等一系列法律法规，对美国职业继续教育制度的形成产生了深远影响。美国通过立法的方式确立了职业继续教育在教育中的地位，同时，对职业继续教育进行必要的干预。英国自 1924 年颁布了《成人教育章程》后，又相继于 1954 年颁布了《继续教育条例》,1964 年通过了《工业培训法案》,1973 年颁布了《就业与培训法案》,英国最近一次制定的职业继续教育相关法案《继续教育与培训法案》(2007 年通过),这些法案满足了英国在不同时代和社会阶段的需求。同样作为教育先行者的德国，制定了完善的职业继续教育法制体系，如《联邦职业教育法》《企业基本法》《联邦职业教育促进法》等，联邦各州也出台了各自的《继续教育法》,相关法规近百部。德国职业继续教育的主要目的是为了提高就业率，缩短重新获得工作的时间，20 世纪末，德国 80% 以上的工作人员是职业继续教育的受益者。这些国家职业继续教育立法的共同特点是法制先行或同步，并随着发展的需要不断完善相应的法规。

(二)职业继续教育与培训市场化

发达国家的职业继续教育体系较为完善，职业继续教育的机构并未限制在以学校为代表的传统职业继续教育主体方面，企业、社区以及一些公益组织皆能成为办学主体。当然，目前学校依然是职业继续教育体系的重要组成部分。美国有三分之二的大学都设有职业继续教育中心或学院，如著名的哈佛大学就设有职业继续教育学院，为许多有教育需求的人员提供了再次学习的机会。将企业纳入职业继续教育办学主体范围，是发达国家顺应市场需求进行的一次探索。以企业为办学主体的模式，让企业根据自身需求对职工进行教育和培训，从而提高企业的整体职业水平。德国行业协会等公益组织、非政府组织具体管理企业的职业继续教育与培训，而联邦各州的教育部门对职业学校具有管理和监督权利。德国相关法律规定，企业有提供职业教育和培训的义务。目前，德国 60% 左右的企业都有为社会和职工提供继续教育和培训。同时，在政府的促进下，行业协会建立了许多跨行业继续教育与培训中心，弥补了企业培训的缺陷。此外，德国职业继续教育机构除了提供职业继续教育与培训，还提供企业咨询等服务。

(三)职业继续教育与培训内容的实用性、针对性和前瞻性

发达国家职业继续教育与培训的内容主要以职业理论知识和职业培训为主，但各国的侧重点不同。德国是一个务实的国家，其职业继续教育与培训的内容实用性，注重学以致用。除职业理论知识课程相对统一以外，在职业培训和技能实践方面是

根据个人需要，以及职业的发展趋势来进行针对性培训，课程的安排也较灵活，目的是帮助员工掌握新技术、开发新项目。丹麦也较重视职业继续教育与培训内容的设置，丹麦的职业继续教育与培训课程有近2000门，涉及到各个行业，注重提高个人的综合素质，培养其分析和解决问题的能力，根据个人的社会适应能力和需求，可以灵活地安排，或针对性地学习。法国较为注重职业继续教育与培训内容中理论与实践的结合，提高职业技能的实践课程占总课程比例的三分之一以上。美国重视职业继续教育与培训的目的，主要是为了提高生产效益，降低劳动力成本。在设置职业继续教育与培训的课程时，以市场为导向，针对市场中对劳动力的需求来设置课程，从而保证就业率。美国的职业继续教育院校或企业享有充分的治校权，政府或各类协会不能直接干预学校的治理，因此院校在课程的开设选择方面具有自主性，学生在选择课程时也具有一定的自主性。荷兰职业继续教育在课程的开设方面，是根据市场需求，以及个体的特别要求，实施对口培训，密切联系教学实际，注重培训课程的前瞻性。

（四）职业继续教育与培训手段的现代化

网络信息技术的发展，促进教育事业的发展。在发达国家的职业继续教育与培训中，早已实现现代化教学手段的使用。发达国家的现代职业继续教育与培训的教学手段主要为远程教育、多媒体教学、计算机辅助教学、3Dmax演示教学等。其中多媒体教学和计算机辅助教学已成为职业继续教育与培训教学的基本手段。远程教育在发达国家的职业继续教育中运用广泛，德国强调非正式学习，运用远程教育技术，使个体在工作、社会环境和自我学习中，提高职业技能水平和就业能力。美国高校与企业积极合作，利用现代远程手段开展继续教育，在为社会和企业服务的同时，扩大了企业和学校在社会中的影响力。如著名的凤凰大学在线，每年有超十万的学生在此接受继续教育。斯坦福大学、华盛顿大学利用现代远程教育提供大量网上学习课件，进行继续教育。美国的许多汽车企业在进行职业培训时，常利用3Dmax虚拟仿真技术，提高员工的职业技能和理论水平。法国高校以慕课的方式开展职业继续教育与培训，个体可以通过在线互动接受教育，并取得学业证书。

（五）职业继续教育与培训管理的专业化

发达国家对于职业继续教育与培训的管理逐步趋于专业化，主要体现在学分制系统和资格评估认证系统两个方面的使用。职业继续教育与培训是对普通高校教育的拓展，许多发达国家将普通高校教育中的学分制系统运用到职业教育中来，以此来衡量职业继续教育与培训的效果。英国2003年提出了成人发展全国学分标准系统,2008年,将之与高校学分系统衔接起来。其目的是为了使个体能根据需求,进行自主性选择学习课程,通过职业资格认证。2006年起德国的职业继续教育也开始实行学分制,将职业资格认证证书与大学文凭等同起来。目前,欧洲逐步将职业继续教育与培训的学分制管理与高校学分系统相连接,实现职业资格认证与文凭之间的转换。美国于1977年开始实施职业继续教育与培训学分制,将学分作为获得职业资格证书的度量单位,并永久记录在个体的成绩报告单上,以此来鼓励个人专业的成长发展。

（六）职业继续教育与培训理念的终身化

职业继续教育与培训不止是第二次教育,更是一种终身教育,是个体不断完善自我的一种方式。发达国家把职业继续教育与培训作为保持其竞争优势的重要手段,从国家综合国力的高科技竞争、人才竞争的战略高度来考虑。早在1989年法国就出台相关法律条文规定“终身教育是学校、大学以及教学机构的一项使命”。日本是最为重视终身教育的国家之一,20世纪70年代末就开始着手终身教育体制建设,将终身教育作为职业继续教育发展的根本方向,于80年代末,成立终身学习局,随后出台了《终身学习振兴法》,发表了《关于在终身学习社会期待的职业教育》咨询报告,报告认为终身学习是走上社会后的学习中的重要方式。20世纪末,日本形成了终身职业能力开发体系。韩国在学习日本等多国的终身教育理念后,立足本国国情,于1999年出台了《终身教育法》。这些职业继续教育相关法规的颁布,充分显示了职业继续教育与培训终身化的教育理念。

二、发达国家职业继续教育经验之于我国的启示

梳理、考察和借鉴发达国家职业继续教育与培训的成功做法和经验,立足我国国情,借鉴其有益经验,有助于促进中国特色职业教育与培训体系的完善和发展。

（一）加快职业继续教育立法，规范推进职业继续教育与培训

从国家发展的战略高度重视和实施职业继续教育已成为当今世界继续教育与培训发展的突出特点和趋势,发达国家十分注重职业继续教育与培训的立法工作,“依法办学、教育立法”已成为一种潮流和趋势。反观我国职业继续教育与培训方面,立法相对滞后。到目前为止,虽然我国也出台了不少相关的法律政策,但《职业教育法》仍是我国职业继续教育与培训方面的主要立法依据,显然在法律效力方面是远远不够。一是行业的发展使得部分政策和法规滞后于实践,未能跟上实践发展的需求,主

要表现为没有制定出有效的扶持继续教育的保障措施。因此，建议《职业教育法》修订完善时，进一步明确行业组织和企业参与职业教育的权利和义务，以立法形式保障行业组织和企业实施职业继续教育与培训的主体合法性。二是部分具体工作的法律依据缺失，难以推动职业继续教育与培训的发展，同时也难以对其进行规范。法律代表的国家意志为职业继续教育与培训的实施提供合法保障，法律的强制性为职业继续教育与培训提供动力。基于此，笔者认为，政府与教育主管部门应立足国情，加快职业继续教育立法的脚步，健全法律体系，提高相关法律的可操作性。就目前我国职业继续教育与培训的现实情况看，职业继续教育立法首先要确立职业继续教育与培训在整个教育法律体系的法律地位。其次，要明确国家在推行和发展全民继续教育事业中具有不可替代的主体地位。再次，要确保公民个人接受继续教育方面应当享有的权利。最后要规定各单位员工接受继续教育方面的义务和责任。规定企业的责任，以及规定有助于社会公益组织开展培训的条文，行业企业出资举办继续教育与培训时，应将这部分经费投入作为其税前扣除的成本，或者制定税后相应的免税或减税政策，且相关申请审批流程应简化、高效，通过政策立法支持，提高企业行业参加继续教育与培训的积极性。

（二）整合教育培训资源，提升职业继续教育培训效能

在市场经济体制下，资源配置从计划管理转变为市场自主调节和国家宏观控制的管理模式。职业继续教育与培训资源的配置方式也随之转变，一改往日国家集中包办、管理的教育管理体制，逐步形成由社会、企业、国家共举的多元化办学体制。借鉴发达国家在职业继续教育与培训方面的成功经验，让企业尽到应尽的社会责任与义务，参与到职业继续教育与培训的体制中来，充分发挥其在职业技能实践方面的优势。形成校企合作，发挥学校在职业理论教育方面的优势，与企业形成互补，两者结合共同推进职业继续教育与培训中理论与实践相结合的发展。同时，还需发挥政府的主导作用，推动行业协会的成立，促进公办与民办共同发展，充分利用企业、政府、学校、社会各体系的资源，形成职业继续教育与培训的多元办学格局。此外，借鉴德国的宝贵经验，立足国情，建立多层次、多行业的职业继续教育与培训体系，满足不同层次、不同需求劳动者的需要。通过法制化、体系化的职业继续教育与培训将科学技术和人力资源整合并最大限度地转化成现实的生产力。

（三）构建以市场导向的教育内容结构，丰富和满足个性化培训的需求

职业继续教育与培训的主要目的是提高就业率、提高劳动者的职业技能水平，要

提高就业率，就必须考虑市场需求。因此，在职业继续教育与培训的课程设置方面应以市场为导向，进行实用性、针对性和前瞻性设置，满足市场的人才需求。我国目前最紧缺的应用型技术人才，职业继续教育与培训机构在设置教学内容时，可以向相关专业靠拢。同时，技术更新换代较快，不断地产生新行业、新职业，职业继续教育与培训机构在课程设置方面需及时更新课程设置，保证课程设置的全面性。员工在参加工作期间，为了得到更好的发展或提升自身的综合素质，参加职业继续教育与培训，其在选择培训课程时，会根据自身的职业需要或兴趣等因素，自主选择学习课程，这就要求职业继续教育与培训机构设置的课程具有前瞻性、灵活性。还需借鉴德国在职业继续教育与培训的经验，提供职业继续教育与培训咨询服务。我国城镇化进程加快，大批新生代农民工进城务工，但这一群体对职业继续教育了解较少，为其提高咨询服务能让其较好地了解职业继续教育与培训。通过开展市场需求调研，客观、全面了解企业和个体的需求，提高职业继续教育与培训内容与社会需求的吻合度，从而提升高端或低端技能培训的针对性，丰富和满足社会多元化的继续教育需求，从而提高他们的核心竞争力，提升继续教育与培训的吸引力。

（四）基于“互联网+”，加强现代化教育手段在职业继续教育与培训中的运用

职业继续教育与培训需要“互联网 +”助一臂之力，“互联网 + 创新成果”与传统行业深度融合，将大大提升创新力、生产力。首先，构建“互联网 + 继续教育与培训”的信息交流平台，借助互联网技术的大数据、低成本、全天候的独特优势，获得社会、行业企业及学员培训的精准需求信息，提高培训的针对性，克服传统培训安排的盲目性。其次，加强现代化教育手段在职业继续教育与培训中的运用，将教学手段与网络科技时代接轨，充分利用网络信息技术，进行远程教学、网络培训，打破时空限制，让更多人拥有接受职业继续教育的机会，实现更多人在自己想要学的时间，既可获得大量的使用知识，又可以与“培训教师”咨询、交流和探讨。再次，在课堂教学方面，加大多媒体技术和计算机辅助教学的应用，如运用“弹幕教学”法，上课过程中学员随时通过网络发表疑问、提出看法，授课教师根据学生的反馈，随时调整授课内容和方式，从而提高教学效果，增强学员就业创业能力，职业转换能力，以期让每个学员接受更加个性化、更有针对性的教育，提高职业继续教育与培训的效能，推动职业继续教育与培训的现代化、信息化发展。

（五）加强对职业教育培训的科学管理，提高继续教育的“含金量”

职业继续教育与培训不止是普通教育的补充，同时也是教育体系根据时代进步而进行的拓展。目前，我国对于职业继续教育与培训的定位不准确，企业以高校文凭作为录用门槛，产生了职业继续教育无用论。这一点我们应该充分借鉴发达国家职业继续教育与培训管理方面的经验，充分重视职业继续教育与培训在教育体系中的地位，加强对职业教育培训的科学管理，如德国等发达国家，行业协会的作用至关重要，它是企业职业继续教育与培训的主管机构，为企业提供咨询、对企业进行监督，一定程度上，它能够保障职业继续教育与培训的质量，提高就业率。此外，要加快实行职业继续教育与培训学分制，将职业继续教育与培训的学分与职业资格认证挂钩，制定职业资格认证证书与文凭转换体系，提高职业资格认证证书的“含金量”，从而提高职业继续教育与培训的“含金量”，保证职业继续教育与培训在教育体系中的地位，促进职业继续教育与培训体系的发展。

（六）培养终身教育理念，促进职业继续教育可持续发展

建设学习型社会，构建终身教育体系是我国21世纪的一项重要教育政策。我国于1993年首次提出终身教育的概念；1999年在《面向21世纪教育振兴计划》中提出“开展社区教育的实验工作，逐步建立和完善终身教育体系，努力提高全民素质”的目标；党的十八大报告中再一次重申了“完善终身教育体系”的战略目标，提出“十三五”建立个人学习账号和学分累计制度，畅通继续教育、终身学习通道，探索建立“学分银行”。职业继续教育与培训体系是建设终身教育体系中不可或缺的一个环节，是实现我国提升全民素质目标的必经路径。只有新的发展理念、新的思维方式、新的发展视野去认真理性地审视职业继续教育与培训的发展，探索个人继续教育与培训非正规学习成果积累、认可和转换，形成中国特色的职业继续教育与培训学分银行制度，从而促进受教育者的学习、进修、改行及提升，使其成为高技能的创新型人才，进而培养全民终身教育理念，全面提升社会的整体素质，促进职业继续教育可持续发展。

第二节　职业教育教师继续教育与培训模式

在国家经济发展、科技进步以及国际先进职业教育理念的传递下，高等职业教育作为现代职业教育体系中至关重要的一环，其教育理念和人才培养要求也随之变

化，担负着培养数以亿计高素质劳动者和技术技能型专门人才的重要历史使命。纵观全局，职业教育教师整体素质的提高，是职业教育改革延伸和完善的大前提，对职业教育的发展起着引导性作用。然而提升职教教师整体素质，促进职教教师专业成长唯有需要继续教育与培训来实现。本节从职教教育发展和社会对职教教师继续教育的迫切需要入手，全面分析研究了高等职业教育教师继续教育与培训的必要性、教师继续教育的现状以及实施过程中存在的问题，提出了适合现代职业教育教师培养培训的相关理论和具体措施。

古往今来，教育的模式很大程度上决定了人才培养质量，而决定教育质量的关键在于授业者本身，所以教师质量与教育质量成正比，没有教师质量就不能保证人才的质量。近几年，随着高等职业教育的发展，教师队伍日趋稳定，专兼结合双师型教师愈来愈多，队伍总体素质随之提高不少。伴随着中国制造 2025 的提出，我国产业的升级、结构的调整将对人才的需求更加高素质和技术技能化，同时对高校毕业生的个人素质与职业能力要求也发出更高的挑战。但是，就目前而言，现有的教师成长体系，包括模式、规模、质量等，与新形势下的职教发展需求相比，简直杯水车薪。尤其是一些地方民办高校，教师流动性大，教师成长体系不够完善，师资队伍结构亟待合理化。为此，作为人才培养质量保障的各地方应用型本科院校、高职院校，加快对职业教师继续教育的步伐，提高师资质量，是改变我国职业教育教师现状，推动职业教育持续发展的必然选择。

一、职教教师进行继续教育的必然性

（一）职业本身的要求

作为一名职业院校教师，既具有教师职业的一般特征，也具有自身的特殊性。在知识更新如此之快的现代社会，科学技术知识迅猛增长，信息生产速度加快，信息传播渠道增多，要求教师职业在教育科研、学术视野和学习理念多方面要更加缜密、深刻和精湛，如果不具备丰富的知识，其教学阻力也是非常之大。所以职教教师进行继续教育是当代教师专业持续发展的必然要求。

（二）作为第一生产力的科学技术发展需要

企业生产技术的革新是现代科技迅速发展的成果，作为为企业培养和输送人才的直接源——职业院校也需要加速教学内容的改造和教学手段的更新。尤其中德双方宣布开展工业 4.0 合作预示着 IT 技术领域与各个工业领域专业技术将会变得空前紧密，从而带动一系列产业工人职业发展的重大变革；大量新的信息化、智能化、远程教育、物联网技术等雨后春笋般在高职教育的土壤中破土而出。而职教教师的教学应使学生在持续吸纳最前沿科技成果信息的同时来提升现代综合型人才意识和认知，树立新技术下的新人才观念。因此教师对知识的学习更新和完善，是科学技术发展和教学工作的迫切需要。

（三）职业教育教学改革和学校发展的必然要求

在国家新兴产业与原有产业的革新和升级发展的环境下，在新一轮教育领域综合改革的背景下，各职业院校只有通过抓内涵建设，来提高学校的办学水平和人才培养质量。教师作为高等职业教育的主体之一，其素质和业务技能水平是教育教学改革和学校发展的瓶颈所在。高等职业教育的构建离不开一流师资队伍的扶持。因此，通过开展职业教师继续教育与培训，提高师资整体素质，整合和优化师资队伍，以保障顺利推进我国职业教育教学改革以及学校长远发展的进程。

二、当前职业院校教师继续教育与培训的形势

师资质量的提高是高等职业教育快速发展的必然要求，当前高等职业院校在师资队伍建设方面取得了一定的成效，例如教师的学科结构、学历结构、职称结构、“双师双能型”教师比例都有所改善，但这一数据远不及教育部对高等教育教师的总体要求。像笔者所在四川工业科技学院这类的地方高校，就还普遍存在着教师队伍稳定性差、师资结构不合理、继续教育体制不完善等问题。

（1）教师继续教育与培训的体制机制不健全，培训形式化严重。由于我国多数地方高校尤其是民办高校的办学时间不长，办学规模有限。对于教师继续教育，民办高校在用人机制上比较注重人尽其能。在组织或参加培训的动机上，往往从实用主义和功利主义的角度出发，对教师的真正需求没有考虑，使得教师培训形式化严重，以致于在培训过程中经常出现走过场和形式化的问题。另外，虽然学校也制定了教师继续教育与培训制度，但没有制定具体的教师培训计划，绝大部分教师在校工作期间很少有机会参加继续教育与培训活动。

（2）缺乏明确的教师继续教育与培训理念。继续教育的最终目的是提高教师所在学校的教学质量、办学水平，而这一目标的达成离不开在职教师的综合素质的提高以及教师本身专业化发展。学历和职称是人才水平评估考核学校师资队伍建设的两项重要指标。因此，校方出于学校发展方面的考量，把教师培训工作的重心片面地放在提升学历、晋升职称上面；而教师从自身利益角度出发，出于晋升、加薪的需要，在继续教育的内容上偏重理论的学习，也将继续教育单纯理解为学历补偿或提升，

缺乏清晰的职业规划。

由于学校和教师双方在继续教育的思想认识上存在一定的误区，导致许多教师参加继续教育最直接的目的，自觉或不自觉地定位在晋升、调资上。这完全背离了继续教育的本质和初衷，教师关注的功利性远大于继续教育中自身素质的提升，从而无法达到提高综合素质的目的。

（3）受渠道和平台限制，教师继续教育与培训形式单一，培训效果不显著。当前，专门从事职教教师继续教育的机构很少，职教教师继续教育及职后培训仅仅依托于高校本身以及少量相关企业。主要形式有到普通高等院校接受脱产教育、到培训基地在职进修、到企业挂职锻炼、参加学校组织的校本培训四种。

由于以上四种培训形式在培训过程中缺乏一个全面的质量保证体系监测，诸如培训形式不够灵活、培训项目缺乏针对性、培训时间不够充裕等弊端充分显现；因此教师接受培训的实际收益不大，效果不甚显著。

（4）教学任务繁重，教师接受继续教育与培训的难度大。在日常教学中承担着重要角色的青年教师是院校发展的骨干力量。近年来，一些地方高职院校、民办高校不断扩大招生规模，使在校生人数常年增多，均达万人以上。学校薄弱的基础无法适应当前形势下迅猛的发展，使教师教学任务繁重，没有足够的时间进行继续教育与培训。

（5）校方缺乏重视，资金投入有限。相对于普通高等教育，承担高等职业教育的高职院校更加注重的是学生职业能力和职业素养的培养，培养的是与社会经济建设、管理、服务直接相关的应用型人才。高等职业教育亦是一种高消费的教育，而在人才培养过程中，地方高校特别是民办高校受国家和政府经费投入不足的影响，直接导致办学者对教师的培养重视程度不够，使得培训经费投入有限，教师队伍的整体素质偏低，从而制约着高等职业教育的可持续发展。

三、新理念下的职业教师培训体系的构建

（1）与时俱进，正确树立教师继续教育的新理念。理念转变是我国职业教师继续教育发展之根基。建立正确的教师继续教育理念，加强教师的专业化发展，是职业教育改革延伸和完善的大前提，对职业教育的发展起着引导性作用。为此，引导教师转变观念，把知识培训作为个体的终身需求，让教师认识到继续教育既是一种行为素质和能力的培养，同时也是一种能够得到回报的社会行为。

（2）整合现有资源，开展形式多样的教师继续教育。整合利用本校的教育资源，发挥主观能动性，开展形式多样的教师继续教育，在校内对老、中、青教师进行培训，

解决工学矛盾，以满足各个层次教师继续学习的需求。

（3）构建教师继续教育体系，通过产学研相结合的方式，加强教师培训基地建设。制约了教师自身的发展，尤其制约了学校的发展是教师继续教育的滞后带来的不良结果。因此，学校应该加大力度，通过产学研相结合的方式，依托普通高校和校外企业建立教师培训基地。通过组织教师参加培训学习或者不同形式选派，来不断提高教师的工作能力。

（4）建立健全体制机制，保障教师继续教育与培训的开展。完善继续教育经费保障、监督、激励和反馈机制。调动、支持教师进行继续教育的同时，应该广泛征求教师对于继续教育的要求和建议，根据实际情况及时调整培训计划、内容和形式，使教师继续教育和培训能够得到实效。

职业教师的继续教育是一项复杂的系统工程，提升教师的业务能力、从业素质，构建专业化、系统化的职业教师继续教育培训体系，对学校的发展有着不可替代的作用。为此，要适应现代职业教育发展和职业教育高校师资队伍建设的需要，还须着眼实际进一步对职业教师继续教育理论进行更加深入的研究，提升完善职业教师继续教育的理论体系，从而促进教师的专业发展，培养出适应高等职业教育要求的双师双能型师资。

第三节　职业教育社会培训和继续教育功能

随着社会的发展，对继续教育的发展有了更新的要求，将“努力为社会提供多样化服务，更好地满足人民需求，实现发展成果更多更公平惠及全体人民”作为新的发展方向。更好地为国家经济社会发展，全民学习、终身学习，深化教育综合改革以及促进教育公平服务。如今，我国继续教育整体发展水平较快，尤其表现在职业教育社会培训和继续教育功能发展两方面，市场需求的不断扩大，如何将两者更好的细节化、标量化，如何逐步实现产教融合，这非常值得我们花费时间去研究与实践。

一、当前提升职业教育社会培训和加强继续教育功能的意义

（一）我国目前对于提升职业教育社会培训和加强继续教育功能需求迫切

随着改革开放成果的逐步显现，全面建成小康社会的步伐越来越迅速，距离实现这一伟大目标也越来越接近，在国家“十三五”规划中，国家提出推进职业教育产教融合完善现代职业教育体系、加强职业教育基础能力建设的规划。而随着这一规划

的提出，职业教育也将更为社会所重视，高等职业院校在重视其学历教育的同时，也开始重视发展继续教育功能及职业教育社会培训等方面。国家也给予了许多方面的支持，促进产教融合发展，支持百所高职院校和千所中职院校加强校企合作，发展继续教育支持高等学校和职业院校为在城里工作的农民工、务农子弟、退役军人及现代产业工人提供继续教育培训，建立个人学习账号和学分认证平台。而在这样的趋势下，寻求新的方式去提升职业教育社会培训和加强继续教育功能是当前阶段的迫切需求。

（二）将提升职业教育社会培训与加强继续教育功能齐头并进是高等职业办学社会化的有力手段

一个职业学院的教育体系是否完整决定着这个院校的人才输出，教育社会培训的产业化程度影响着人才的主观能动性以及人才的供应质量。毕业生走进社会，想要在岗的再学习机会主要由教育社会培训来决定，所以想要提高这部分人群的素质，教育社会培训是非常有效的方法。提升职业教育社会培训是坚持高等职业办学社会化的方针之一；在职业教育社会化办学的今天，高等职业院校加强继续教育是采取的众多方针之一，社会对于从业者有着继续教育的要求，反向解释就是社会发展对于就业人员的要求决定了继续教育的出现。坚持高等职业办学社会化的另一个方针就是加强继续教育功能。想要加速高等职业办学社会化，使得高等职业院校能够进一步发展，将提升职业教育社会培训与加强继续教育功能两者同时进行，同步创新探索，相信能够快速完成高等职业办学社会化的进程。

（三）提升职业教育社会培训和加强继续教育功能是实现产教融合发展的重要举措

产教融合的提出为职业院校的发展提供了新思路，学校根据自身所设置的专业，努力开展专业产业，将教学与产业密切结合，把职业院校建设成为人才、创新、服务一体化的产业性经营实体。想要完成产教融合，提升职业教育社会培训功能与加强继续教育功能是不可或缺的举措。教育社会培训在现代经济增长中是教育的重要组成部分，它推动着社会区域生产能力提升和经济的快速发展，教育社会培训起着举足轻重的作用；完成产教融合，对师资、设备、技术等方面都有着较高的要求，提升这方面的资源优势可以为高等职业院校的快速发展提供很大的助力，而促进产教融合过程需要培训众多从业人员为高等职业院校发展发掘更多的潜在资源。可见，在实现产教融合的发展过程中，提升职业教育社会培训和加强继续教育功能是非常必要的。

二、当前职业教育社会培训和继续教育功能面临的挑战

（一）高等职业院校在社会化办学的思想观点与践行方针上尚不完善

黄炎培先生是我国著名教育家，他被誉为“职业教育之父”，黄炎培先生认为“办理职业教育，并需注意时代趋势与应走之途径，社会某种人才，即办某种学校”，这样一段话被奉为职业教育办学的金科玉律，是黄炎培先生经历了几年的职业教育而总结出来的，非常值得我们借鉴与吸收。社会化办学曾经被黄炎培先生看作“职业教育机关的唯一生命”，在当今阶段虽然有着不少的职业院校开始尝试校企联合、服务社会，逐渐与社会融合，对大量社会需要的从业者进行再教育，取得了一定的效果，但是在社会化办学的思想观念及践行方针上很多高等职业院校还是不够完善，尚未进行创新突破，不过是在完成着上级教育部门的指示，中规中矩，不敢放手去做。社会化办学的复杂性要求高等职业院校要在专业设置、配套设备、师资团队等与社会行业相匹配，这也间接导致了高等职业院校无法开展社会化办学。高等职业院校在社会化办学的思想观点与践行方针上的不完善是当前职业教育社会培训和继续教育功能面临的首要挑战。

（二）高等职业院校师资团队建设力度不够，教育模式构建有待改进

作为高等职业院校，师资是最基础的也是最中坚的力量，是一个高等职业院校的核心资源，同时这也是院校间相互竞争的必争之点。当今，高等职业院校面临的一个大困境就是如何建设一个高水准的师资团队，这个师资团队要求不仅理论储备雄厚，而且对于当今社会的行业实践有着非常高的认知，这样的师资团队才是当前高等职业院校所需要的。高等职业院校想要提升职业教育社会培训和加强继续教育功能，师资团队建设是一个非常大的瓶颈。除了师资团队建设，高等职业院校在教育模式上寻求创新也是非常必要的，过去的教育模式可能无法适应目前高等职业院校社会化及倡导产教融合的趋势，从而导致培训效率的降低。职业院校的办学者想要快速发展，师资团队建设与教育模式整改都是必须要面临的问题。

（三）高等职业院校对市场意识、服务意识认识不足，与企业合作建设较少

当今社会，职业教育行业发展迅速，高等教育院校的教育方法开始被高等职业院校所采纳、吸收。继续教育中的职业教育社会培训越来越快地朝着市场商业化方向发展。在继续教育方面，高等职业院校对学生的关注度尚且不足，包括学生个性、学

习环境、学生生活等方面，总结来说，就是高等职业院校依旧停留在社会化的初期，对于市场意识、服务意识认识不足，这也间接导致了提升职业教育社会培训和加强继续教育功能的进程缓慢。高等职业院校培养的人才要输送到社会企业中，与企业之间沟通不足，就可能导致职业院校培养方向出现偏差，最后的结果可能是双方都不尽如人意。当前高等职业院校与企业的合作建设正处于摸索阶段，合作力度不足，无法形成较为有效的信息交换，在职业教育社会培训和继续教育上走了一定的弯路，导致培训效率的降低。

三、针对提升职业教育社会培训和加强继续教育功能的对策分析

（一）完善高等职业院校在社会化办学上的思想观点与践行方针，树立实践勇气

高等职业院校不断坚持践行的，就是为国家、社会培养输送一批又一批有知识能力、有忠诚意识的从业者，他们接受的教育与培训符合当前社会阶段的要求。如何去完善高等职业院校在社会化办学上的思想观点与践行方针，树立起实践的勇气，笔者觉得，首先，高等职业院校的管理者与践行者应该了解当前的国情国策，熟悉我国“十三五”规划的大体方向，仔细探究继续教育部分的相关内容，保证社会化办学与我国的发展趋势相一致。其次，办学者应该向身边及周围的先进同行学习，学习他们的思想观点与践行方针，发现先进同行的独特之处，与自身创学方针相对照，寻求突破点，完善自身思想观点与践行方针。最后，高等职业院校践行者应树立创新意识，树立远大理想，对于即将面临的困难无所畏惧，有勇气、有魄力地坚持下去。在高等职业院校完善了社会化办学在思想观点和践行方针上的不足，树立起践行的勇气，就一定可以提升职业教育社会培训和加强继续教育功能。

（二）强化师资团队实力建设，增强核心竞争力

在师资团队建设上，高等职业院校上级领导应该不拘一格，多途径共行。在人才招聘方面应不惜资本、求贤若渴，多招募有实力、有名气的名师；在年轻教师培养方面，高等职业院校应该打破过去固有的培训模式，充分发挥年轻教师的潜力，培养年轻教师的名气，为高等职业院校未来的发展储备人才。高等职业院校应创建一套人才选拔体系，同时提出相应的鼓励机制，促进师资团队实力的建设，并且在教师个人的品行、人际关系等方面严格把关，树立院校教师名气，高效提升整个职业院校的教学质量。建设一个好的“双师型”师资团队，这样就可以为提升职业教育社会培训与加强继续教育功能提供强大的底蕴与自信。树立品牌，核心竞争力也将得到很大程

度上的增强,生源的数量也会增多,社会企业的倾向必会逐步靠近此等院校。

(三)增强职业院校教育培训的市场意识和服务意识,努力寻求与企业间的新合作模式

就市场意识与服务意识这方面而言,高等职业院校可以改善的地方有很多。可以在培训前对学员的性格做一定程度的了解,保证培训开展时可以较好地规划学员的学习进度、学习状态,并且可以设立班主任,跟踪学生的学习生活,方便学生学习,实时掌握动态,便于遇到问题时调节。高等职业院校还可以针对某个培训班定期开展交流活动,利用现在发达的新媒体,微信、QQ 等交流软件,实现师生间线上线下及时交流,提高学习效率。归结以上说法,就是遵循市场需求,主动去为学生提供更多的人性化服务,满足当前需求的多样性,要敢于发现与创造,高等职业院校办学者应学会换位思考,了解需求才能获得成功。而对于创新高等职业院校与企业之间的合作模式,实现企业与职业院校信息的实时交换分享,企业主动提供用人要求,提供培训资源,以达到职业院校培训效率与培训质量的最大化,进而加强继续教育功能,使得职业院校所培训出来的从业者能够最大限度地适合企业的用人需求,也可大幅缓解当前社会的就业压力,为社会的发展提供更大的帮助。

第四节　我国信息安全人才继续教育与职业培训

随着全球化和互联网的快速发展,信息技术在有效提升政府公共服务水平、企业经营管理效率的同时,其所带来的信息安全隐患也在日益显现。网络犯罪在近年快速增长,特别是我国军事、科技、金融、能源、工业等重点行业的网络系统,已成为敌对势力入侵、数据窃取和攻击破坏等活动的重点目标,如何保障信息化建设成果以及如何防范信息技术发展所带来的网络安全风险已经成为政府部门、企事业单位信息化建设与发展过程中的重要课题,而解决网络安全的首要问题是相关人才队伍的建设。

(1)全球已进入网络竞争时代。当今世界格局正发生深刻变化,网络空间正成为继土地、能源之后另一重要战略资源。而理论上互联网没有国界的特点,让国家安全和竞争已跨越传统主权领土的限定,国际上围绕信息安全这一没有硝烟的的斗争越演越烈,信息安全对国家安全问题提出了严峻挑战。美国网络安全公司“迈克菲”2009 年在其研究中提出,传统冷热兵器“短兵相接”的战争模式已在悄悄发生改

变，世界已进入网络战争时代，网络安全已成为保障国家安全利益的重要利器。而2010年由澳大利亚人朱利安·阿桑奇引爆的美国政府“维基泄密”案、2011年伊朗纳坦兹铀浓缩基地遭“震网”工业病毒袭击等事件在世界各国引起轩然大波，尤其2013年6月，美国斯诺登曝光“棱镜计划”，披露美国CIA对包括中国在内的多个国家和民众长期实施监听和网络渗透攻击，引起国际社会强烈反响。根据曝光信息，美国分别通过电信网、互联网、企业服务器等多种渠道以及采用网络入侵手段，实施信息监听和收集，监听内容包括互联网元数据、社交网络资料、电话和短信息等多种数据类型，监控对象包括多个国家、企业或国际组织，其中不乏美国的盟友，如德国总理默克尔，而我国属于美国重点监听和攻击目标。以上网络安全事件充分说明，信息安全已成为国家战略的重要组成部分，同时信息安全人才已成为国家竞争的核心所在。

（2）我国网络安全形势严峻。随着我国信息化的蓬勃发展，信息安全问题已成为政府部门、企事业单位广泛关注的焦点问题。我国互联网存在较多网络攻击和安全威胁，这不仅妨碍行业健康发展，同时影响广大网民利益，甚至对国家安全造成严重威胁和挑战。一方面，互联网、电子商务的发展迅速，但也常出现用户信息泄露、网站被攻击等网络安全事件；另一方面，中国遭受境外网络攻击的情况日趋严重，一是网站被境外入侵篡改，二是网站被境外入侵并安插后门。2013年国家互联网应急中心（CNCERT）监测发现我国境内有将近1.5万台主机被木马病毒控制，有6.1万个网站被境外黑客植入后门实施控制，有1090万余台主机被境外服务器控制，这些境外服务器主要分布在美国、韩国和中国香港，其中美国占30.2%。

面对网络安全的严峻形势，加强国内信息安全已刻不容缓，美国著名未来学家托夫勒曾断言：谁控制了网络，掌握了信息，谁就拥有了世界。我国社会还处在工业化和信息化“两化融合”的发展阶段，但信息安全相关人才的培养已成为制约我国社会和经济发展的瓶颈。但值得庆幸的是，信息安全已在国家层面和战略高度得到重视，2014年2月，中央网络安全和信息化领导小组成立，习近平总书记任组长，他特别强调“没有网络安全，就没有国家安全”，这彰显出加强网络安全的保障是未来经济和社会建设的重心之一，而在此过程中信息安全人才培养是加强国家信息安全保障工作的一项重要任务。

一、信息安全人才培养现状

加强信息安全培训的实践性。从20世纪70年代开始，我国普通高校已开始培养信息安全人才，武汉大学于2000年获得教育部批准，次年建立了我国第一个信息安全本科专业，截至2013年，全国已有80多所高校设置了信息安全本科专业，经过多年发展，我国信息安全人才已形成从本科、硕士到博士的完成体系。

信息安全非学历教育，主要分为继续教育和职业培训两种形式。继续教育或职业培训是以培养信息安全岗位技能型人才为目的的，主要包括技术和技能的学习和提升，这是普通高校本专科教育无法独立完成的，必须由高校以外的社会机构所提供的非学历教育和培训来承担。而现有的信息安全专业人才总数不足20万，信息安全方面的专业人才不足已成为一大瓶颈。而同时，随着信息化建设的逐渐普及和网络的深入应用，企业或政府部门的网站、主机或服务器面临的网络攻击风险越来越高，因此，加大和掌握网络安全知识非常必要。

通过十多年的发展，我国信息安全继续教育形成了以各种认证为核心，各种职业技能培训为辅的培养模式。如由国家信息化工程师认证考试管理中心与美国国家通信系统工程师协会（NACSE）合作的认证考试，考生通过国家信息安全技术水平考试后，可获得相应证书；另外，由中国信息安全测评中心推出的“注册信息安全专业专家”（CISP）资质认证项目，系国家对信息安全人员资质的最高认可。

二、信息安全人才培训的必要性和紧迫性

信息科技已发展成为当今影响力最为深远的技术，无论工作、生活还是学习，人们对其依赖性越来越强，网络科技在给我们带来便利和提升效率的同时，如果安全防范措施和手段没有到位，产生的后果将不堪设想。

当前信息技术发展迅速，这对信息部门人员，尤其是信息安全技术人员提出了更高的要求，而仅仅通过高校学历教育远远不够，还必须借助相关职业培训和继续教育，在此过程中，信息安全培训是成本最低、效果最快、最显著的信息安全管理措施。

三、信息安全人才培训对策

（一）加强信息安全管理方面的培训

信息安全涉及两个方面：信息安全技术和信息安全管理。传统上信息安全技术培训易得到重视，而信息安全规划与管理工作往往被管理层忽视。另外，从实践中来看，信息安全首先是一项管理工作，其次才是一项技术工作，而管理工作的效果最终由具体实施人员的素质水平决定，因此我们提出更要从部门或组织全局的角度对信息安全进行规划与管理，建立科学信息安全保障计划，才能做到信息安全技术操作有细致周密的规划。同时加强对信息安全人员在国家法律法规、岗位职责、保密意识

和管理流程等信息安全管理方面的培训和继续教育工作。

“互联网+教育”使知识体系结构化，内容表现形式丰富化，提高了学生的学习积极性。首先，在内容表现形式上，附加图片、声音和视频，能够调动学习者的多个感官，增加了学习的趣味性；其次，“互联网+教育”以结构图或知识树的形式呈现章节内容，突出重难点，使学生一目了然。

信息技术或信息安全自身就具有很强的实践属性，主要原因在于，信息技术的变化和更新迅速，这要求相关知识能快速更新。另外，信息技术属于工程领域学科，必然有较高的实践性要求。因此在信息安全培训或继续教育课程的设计中，要多结合学员的实际工作情况，多采用案例教学的方式，不能光停留在理论层面的解读，而要将信息安全实际运作过程中碰到的技术或管理问题用到教学中。

（二）加强人才培养产学研相结合

信息安全人才的培养可在政府的鼓励和支持下，以企业的实际需求为核心，通过政产学研合作的方式加以培养。信息安全的诸多问题来自企业和政府部门，在这个过程中，政府主要从政策、环境方面营造氛围，充分发挥高校和科研机构的重点实验室、工程研究中心等资源，以企业带动，将问题、需求、资源和人力有效地整合，必将提升信息安全人才培养的效果。

（三）打造完整信息安全人才培育体系

进一步完善学历教育和非学历教育的信息安全人才培养体系，建立以高等学历教育为主，以继续教育、职业培训为辅的信息安全人才培养体系。信息安全人才培养要得到保障，加强信息安全学科的重要性是关键一环，因此，在学科建设上，要努力提高信息安全学科的重要性，争取把信息安全学科提升为一级学科，同时进一步完善信息安全专业的本硕博的学科建设；另外，政府在信息安全认证培训方面应加强立法，规范信息安全培训的市场行为，比如可强制规定哪些安全技术岗位的人员必须持什么样的信息安全证书，以及必须接受何种培训的管理等。

（四）构建信息安全人才培训市场

随着信息安全逐渐得到包括政府、企事业单位等各级部门的重视，社会对信息安全人才的需求在不断增强，市场缺口非常大，信息安全相关人才培训将具有广阔的市场前景。我们可以看到信息安全培训不仅社会效益显著，同时也兼具经济效益，其本身就是一个产业，该产业将包括师资、教材、发证、人才就业等多个领域。因此我们有必要以市场化的眼光和出发点，挖掘信息安全人才培训的市场潜力，在依托政府有关部门政策支持的基础之上，更多的以市场化的方法构建信息安全人才培训体系，营造自身良性造血功能，只有这样才能真正使信息安全人才培养处于良性、可持续的发展过程中。

第七章　职业教育和培训理论研究

第一节　职业教育和培训概述

一、职业教育和培训的概念和意义

（一）职业教育和培训的概念

职业教育和培训，是指根据现代社会职业需求以及劳动者从业意愿和条件，按照一定的标准，对劳动者所进行的，旨在培养和提高其职业技能的教育和训练活动。其含义为：

职业教育和培训的内容是使受教育者获得某种职业或生产劳动所需要的职业知识、技能和职业道德的教育。主要是进行职业基本知识和职业技能的专门教育和训练，其目的是提高受教育者将要从事的职业或正在从事的职业的专门知识水平。职业教育和培训必须服从社会发展的需要，根据劳动力市场的要求，随时进行调整。

职业教育和培训的目的在于提高劳动者的职业技能，增强其就业能力和创业能力，从而实现充分就业。劳动力资源的配置通过市场调节实现，劳动者要获得职业或在职业上获得发展，国家要实现充分就业的目标，都必须重视提高劳动者的就业竞争能力和创业能力，重视提高劳动者的职业技能，而这都有赖于职业教育和培训。

职业教育和培训是按照一定的职业标准进行的。职业标准，是指国家在职业分类基础上，根据职业的活动内容，对从业人员工作能力水平所制定的规范性要求。它是进行职业教育和培训的主要依据。

职业教育和培训与普通教育一样都是我国国民教育的组成部分之一，都是从事智力开发活动，培养和提高公民的文化技术水平的教育活动，二者之间有紧密的联系。普通教育是职业教育和培训的基础，职业教育和培训是普通教育的延伸和专门化。但二者之间又有区别，其区别在于：（1）培训目标不同。职业教育和培训侧重于实践技能和实际工作能力的培养，以直接培养和提高劳动者的职业技能为目标；普通教育是以普遍提高国民素质为目标。（2）培训对象不同。职业教育和培训的对象是准备就业和已经就业的人员，包括失业者、在职者、下岗职工和其他求职者；普通教育以非社会劳动为主要培养对象，以在初级、中等、高等教育学校学习的学生为主。(3)性质不同。职业教育和培训是特需教育，具有实用性，侧重专业技能的掌握；普通教育是常规教育、学历教育，具有全面性和协调性，侧重基础性知识的掌握。(4)培训方式不同。职业教育和培训的方式灵活多样，既可有学历教育，也可有非学历教育，以适应不同水平、年龄、行业、工种、职务等差别。普通教育的培训方式以学历教育为主。

(二)职业教育和培训的作用和意义

职业教育和培训是我国实施科教兴国战略，实现对劳动者的终身教育，促进经济、社会发展和充分就业的重要途径。知识经济时代的到来和信息技术的日新月异，使那种过去只靠一次性教育或培训就享用终身的想法或做法过时了。自20世纪90年代以来，许多国家纷纷实施"终身学习"或"继续学习"计划。我国要实现科教兴国，必须通过职业教育和培训使劳动者能够终身获得教育。

职业教育和培训是改善我国劳动力资源的构成，提高企业竞争力，并积极参与国际竞争的必由之路。经济全球化使国际经济竞争日趋激烈，如何提高国家乃至企业竞争力关系到我国能否在激烈的国际经济竞争中取得优势地位。而竞争优势的取得不仅依靠低廉的劳动成本，更有赖于技术的进步和创新，有赖于劳动者的创新能力和职业素养的提高，职业教育和培训对培养高素质的劳动者具有决定性的因素。

职业教育和培训是预防失业、稳定就业和促进再就业的重要措施。通过职业教育和培训提高劳动者的就业能力、自主创业能力、职业转换能力和工作能力，有利于劳动者劳动权的充分实现。

二、职业教育和培训的立法概况

在经济发展中，职业教育和培训与提高劳动者就业水平、提高企业乃至国家竞争力的关系的重要性使职业教育和培训立法备受关注。自20世纪60年代以来，世界各国的职业教育和培训立法在不断发展和完善，许多国家都制定了职业教育和培训的单项法规：1948年英国制定《就业训练法》，授权劳工部发布全国就业信息，指派就业委员会举办成人就业培训，辅导劳工异地就业，并于1964年制定《工业培训法》，1973年修改为《雇佣培训法》，1975年制定《职业训练金计划条例》；日本1958年制定、1969年和1978年先后修订《职业训练法》，1969年制定《人力资源开发促进法》，1987年通过的《职业能力开发促进法》；美国1963年制定《职业培训法》，1962年、

1964年和1973年分别通过了《人力发展和训练法案》；法国1966年制定《职业训练法》、1976年制定《终身培训法》；德国1969年通过的《职业教育法》也把就业培训以立法的形式确定下来。

国际劳工组织也高度重视职业教育和培训，1963年通过的第117号《社会政策基本宗旨和准则公约》，在第六部分专门规定了"教育和职业培训"。1975年通过了第142号《人力资源开发公约》及第150号《人力资源开发中职业指导和职业培训作用建议书》，规定人力资源开发中的职业指导、职业教育和培训的内容。

我国十分重视职业教育和培训立法，制定了一系列职业教育和培训法律、法规。目前职业教育和培训立法主要有：《劳动法》第八章"职业培训"的有关规定，1996年5月15日全国人大常委会颁布的、于1996年9月1日起实施的《职业教育法》；2007年8月30日通过、自2008年1月1日起施行的《就业促进法》第五章专门规定职业教育和培训的有关内容。（1）国务院发布的主要有：《关于大力推动职业培训改革与发展的决定》（2002年），《大力发展职业技术教育的规定》（1991年）。（2）部门规章主要有：劳动和社会保障部与国家经贸委联合发布《企业职工培训规定》（1996年），原劳动人事部发布的《技工学校工作条例》（1986年）、《工人考核条例》（1990年）、《就业训练中心管理规定》（1991年）、《职业训练规定》（1994年）、《职业培训实体管理规定》（1995年）等。（3）地方政府就职业教育和培训问题发布的地方性规定。

三、职业教育和培训制度中各方主体的权利和义务

职业教育和培训是国家教育事业的重要组成部分，是促进经济、社会发展和劳动就业的重要途径。因此，为保障职业教育培训制度的实现，保障劳动者职业教育和培训权利的实现，《劳动法》《就业促进法》《职业教育法》从不同角度规定了职业教育和培训体系中各方主体的权利和义务。

（一）国家职责

职业教育和培训是国家的职责，国家应承担起对就业前的公民进行必要的劳动就业训练的职责，同时国家行使宏观调控的权利，设立劳动力市场准入制度，制定职业分类和职业等级标准，要求劳动者持证上岗。

根据《就业促进法》的规定，政府应承担的职责主要有：

建立健全职业教育制度。国家发展职业教育，推进职业教育改革，提高职业教育质量，建立健全适应社会主义市场经济和社会进步需要的职业教育制度。县级以上地方人民政府和有关部门根据市场需求和产业发展方向，鼓励、指导企业加强职业

教育和培训。

鼓励社会组织开展职业培训。国家依法发展职业教育，鼓励开展职业培训，促进劳动者提高职业技能，增强就业能力和创业能力。县级以上人民政府加强统筹协调，鼓励和支持各类职业院校、职业技能培训机构和用人单位依法开展就业前培训、在职培训、再就业培训和创业培训；鼓励劳动者参加各种形式的培训；地方各级人民政府鼓励和支持开展就业培训，帮助失业人员提高职业技能，组织和引导进城就业的农村劳动者参加技能培训，鼓励各类培训机构为进城就业的农村劳动者提供技能培训。

制订并实施职业能力开发计划。职业能力开发计划是以某一地区就业岗位群的需要为依据，在对职业岗位群进行需具备的职业能力分析的基础上，确定职业教育和培训的目标、内容的行动计划。《就业促进法》规定：县级以上人民政府根据经济社会发展和市场需求，制订并实施职业能力开发计划。

建立健全劳动预备制度。劳动预备制度是国家为提高青年劳动者素质，培养劳动后备军而建立和推行的一项新型培训就业制度。国家采取措施建立健全劳动预备制度，县级以上地方人民政府对有就业要求的初高中毕业生实行一定期限的职业教育和培训，使其取得相应的职业资格或者掌握一定的职业技能。

（二）职业院校、职业技能培训机构的权利和义务

培养实用人才和熟练劳动者。职业院校、职业技能培训机构应与企业应当密切联系，实行产教结合，为经济建设服务，培养实用人才和熟练劳动者。

可以兴办企业。职业学校、职业培训机构可以举办与职业教育有关的企业或者实习场所。

收取学费。职业学校、职业培训机构可以对接受中等、高等职业学校教育和职业培训的学生适当收取学费，对经济困难的学生和残疾学生应当酌情减免。职业学校、职业培训机构举办企业和从事社会服务的收入应当主要用于发展职业教育。

（三）企业的权利和义务

提取职工教育费。应当按照国家有关规定提取职工教育经费，应当承担对本单位的职工和准备录用的人员进行职业教育的费用。原劳动部 1996 年《企业职工培训规定》第 21 条则对企业提取和使用职业培训经费作了详细、明确的规定：“企业应按照以下国家规定提取、使用职工培训经费：1. 职工培训经费按照职工工资总额的 1.5% 计取，企业自有资金可有适当部分用于职工培训；2. 职工培训经费应根据企业

需要，安排合理比例用于职工技能培训；3. 企业用于引进项目、技术改造项目的技术培训费用可以在项目中列支；4. 工会用于职工业余教育的经费由各级工会掌握使用；5. 企业职工培训经费应合理使用，当年结余的可以结转到下一年使用。”

对本单位职工实施职业教育和培训。企业应当根据本单位的实际，有计划地对本单位的职工和准备录用的人员实施职业教育。

有权举办职业学校、职业培训机构。企业可以单独举办或者联合举办职业学校、职业培训机构，也可以委托学校、职业培训机构对本单位的职工和准备录用的人员实施职业教育。

遵守国家关于上岗培训的法律规定。从事技术工种的职工，上岗前必须经过培训；从事特种作业的职工必须经过培训，并取得特种作业资格。

（四）劳动者的权利和义务

依法接受职业教育。公民有依法接受职业教育的权利。

享受培训补贴。失业人员参加就业培训的，按照有关规定享受政府培训补贴。

四、职业教育和培训立法的原则

先培后用原则。即先培训后就业，先培训后上岗。具体内容为劳动者就业或上岗前须经职业技能开发和培训，须掌握该职业生涯所需的职业知识和技能，经有关部门考核合格后或取得职业资格证书方可就业或上岗。我国目前对某些职业实行市场准入制度，要求必须持证上岗。先培后用原则既是现代经济和社会发展的必然要求，也是职业教育和培训立法的必然要求。

按需培训原则。即根据劳动力市场的需要，经济、社会发展的需要确定培训的内容、方式和规模。职业教育和培训是为就业服务的，因此应把市场用工需求与培训紧密结合，增强培训的针对性，根据不同对象、不同的职业需求调整培训内容，选择培训方式。

有偿培训原则。职业教育和培训是谁受益、谁投资，实行有偿培训，培训费用由受益各方负担。实行有偿培训的目的是改变过去由政府统包的做法，从根本上解决职业教育和培训投入不足的问题。由于职业教育和培训关系到劳动者的就业问题，政府仍应承担宏观调控的职能，对弱势就业群体的培训，政府可以给予必要的财政支持。而对其他社会劳动力的培训上，则应引入竞争机制，实行谁投资谁受益，有偿培训的原则。

终身培训原则。即劳动者应终身学习、终身接受职业教育和培训。这是现代科学技术发展的需要,也是劳动力市场对劳动者的要求。经济全球化的发展,信息技术和生物技术等科学技术的不断发展,使产业结构发生了较大的变化,由此带来了职业机构变动加快,职业岗位分化、复合,更新加速,劳动者要想实现就业、稳定就业和再就业就必须终身学习,终身接受职业教育和培训。

第二节　职业教育和培训的分类

一、职业教育和培训的形式

在我国,职业教育和培训分别由相应的职业教育和培训机构、职业学校实施,可以根据实际情况分为初级、中级、高级职业培训。其他学校或者教育机构可以根据办学能力,开展面向社会的、多种形式的职业培训。

我国职业教育和培训的形式从培训环节划分,包括:(1)从业前培训,是对尚未从业的社会劳动者进行的培养和提高其职业技能的教育训练活动。从业前的培训,目的是提高劳动者的就业能力;培训对象是从未就业的人员和社会失业人员等;培训方式主要以学历教育和上岗前的岗位知识、技能培训为主要内容;培训实体主要为国家和社会开办的各类职业学校和各类就业训练中心等。(2)转业培训,是对复员转业的军人进行的职业技能培训。(3)学徒培训,是用人单位对招收的学徒工进行的实际操作技能的培训。目的是通过培训,使即将走上工作岗位的学徒工掌握实际操作技能,及时适应工作岗位的要求;学习方式一般是采取传统的有师傅传、帮、带的形式,一般签订学徒培训合同或师徒合同。(4)在岗培训,是指对在岗职工进行的岗位技能培训,目的是使劳动者在职业上有所发展。(5)转岗培训,是对已就业的需要转换工作岗位的劳动者进行的职业技能培训,目的是使劳动者适应新的工作岗位的要求,顺利实现转岗。

从职业教育和培训的职业学校划分,可分为初等、中等、高等职业学校教育。初等、中等职业学校教育分别由初等、中等职业学校实施;高等职业学校教育根据需要和条件由高等职业学校(主要是成人高等学校)实施,或者由普通高等学校实施。其他学校按照教育行政部门的统筹规划,可以实施同层次的职业学校教育。普通中学可以因地制宜地开设职业教育和培训的课程,或者根据实际需要适当增加职业教育和培训的教学内容。残疾人职业教育和培训除由残疾人教育机构实施外,各级各类职业学校和职业教育和培训机构及其他教育机构应当按照国家有关规定接纳残疾学生。

从就业训练实体划分，有就业训练中心培训和企业职工培训。就业训练中心，是指依法设立的、从事就业训练的专门机构。包括劳动行政部门和非劳动行政部门组织的就业训练实体。劳动行政部门组织的就业训练实体被称为就业训练中心。就业训练中心是在各级劳动行政部门领导下，在劳动就业服务机构的管理和指导下，从事就业训练工作的事业单位。非劳动行政部门组织的就业训练是指企事业单位、社会团体、机关和个人等开展就业训练活动和举办的就业训练实体。企业职工培训是指企业按照工作需要对职工进行的思想政治、职业道德、管理知识、技术业务、操作技能等方面的教育和训练活动。企业职工培训应以培养有理想、有道德、有文化、有纪律、掌握职业技能的职工队伍为目标，促进企业职工队伍整体素质的提高。企业职工培训应贯彻按需施教、学用结合、定向培训的原则。企业应建立健全职工培训的规章制度，根据本单位的实际对职工进行在岗、转岗、晋升、转业培训，对学徒及其他新录用人员进行上岗前的培训。企业应将职工培训列入本单位的中长期规划和年度计划，保证培训经费和其他培训条件；企业应将职工培训工作纳入厂长（经理）任职目标和经济责任制，接受职工代表大会和上级主管部门的监督与考核。企业对经批准参加脱产培训半年以内的职工，应发放基本工资、奖金及相关福利待遇（双方另有约定的可除外）。

参加由企业承担培训经费脱产、半脱产培训的职工，应与企业签订培训合同。培训合同应明确培训目标、内容、形式、期限、双方的权利和义务以及违约责任。企业应按照培训合同的规定，保证职工的学习时间，创造必要的学习条件，发挥所学专长。职工应履行培训合同规定的各项义务，服从单位工作安排，搞好本职工作。由企业出资（有支付货币凭证）对职工进行文化技术业务培训的，当该职工提出与企业解除劳动关系时，已签订培训合同的按培训合同执行；未签订培训合同的按劳动合同执行。因培训费用发生争议的，按国家有关劳动争议处理的规定处理。此外，我国普通中学在进行文化基础知识教育的同时，可以因地制宜地开设职业教育和培训的课程，或者根据实际需要适当增加职业教育和培训的教学内容，对学生进行职业指导和开设有关职业课程，使学生获得初步的职业知识和职业技能。

二、劳动预备制度

劳动预备制度是职业教育和培训的形式之一。劳动预备制度是国家为提高青年劳动者素质，培养劳动后备军而建立和推行的一项新型培训就业制度。根据国家有关规定，从 1999 年起，在全国城镇普遍推行劳动预备制度，组织新生劳动力和其他求职人员，在就业前接受 1~3 年的职业指导和职业教育的培训，使其取得相应的职业资格或掌握一定的职业技能后，在国家政策的指导和帮助下，通过劳动力市场实现就业。

劳动预备制度的主要对象是城镇未能继续升学的初、高中毕业生，以及农村未能继续升学并准备从事非农产业工作或进城务工的初、高中毕业生。对准备从事农业生产劳动的初、高中毕业生，各地可从本地实际出发，另行制定培训办法。各地可根据实际情况引导城镇失业人员和国有企业下岗职工参加劳动预备制培训。参加劳动预备制人员，由就业服务机构纳入当地劳动力信息资源管理系统，根据国家就业方针和劳动力市场需求，组织双向选择，优先推荐就业，或指导其组织起来就业和自谋职业，并为他们提供各种就业服务。

第三节　职业技能的标准和考核鉴定

一、职业技能的标准

职业技能的标准是指在职业分类基础上，根据职业的活动内容，对从业人员工作能力水平的规范性要求。职业技能标准除包括知识要求、技能要求和工作要求外，还包括职业环境条件、教育水平、职业道德等内容。我国职业技能考核标准主要有《国家职业技能标准》《工人技术等级标准》《技师考评条件》企业内部的岗位规范和劳动合同。

职业技能标准是从业人员从事职业活动，接受职业教育培训和职业技能考核鉴定的主要依据，也是衡量劳动者从业资格和能力的重要尺度。

二、职业技能的考核鉴定

（一）职业技能考核鉴定的概念和特点

职业技能的考核是指对劳动者实际业务水平的考查和评定。职业技能的鉴定，是指职业技能鉴定机构对劳动者从事某种职业所应掌握的技术理论知识和实际操作能力作出客观的测量和评价，考核和评定劳动者职业技能所达到的等级，从而赋予劳动者一定的职业资格的活动。职业技能考核鉴定的法律地位和相关内容在《劳动法》《职业教育法》《职业资格证书规定》《职业技能鉴定规定》《职业技能鉴定工作规则》中有明确规定。根据劳动法的规定，由国家确定职业分类，对规定的职业制定职业技能标准，实行职业资格证书制度，由经过政府批准的考核鉴定机构负责对劳动者实施职业技能考核鉴定。

国家实行职业技能考核鉴定的目的在于促进职业技能开发，提高劳动者素质，促进劳动力市场建设，以适应市场经济的发展。

职业技能鉴定有如下特点：（1）进行职业技能鉴定的机构须由国家批准；（2）是一项基于职业技能水平的考核活动，以列入国家规定职业范围的职业技能为鉴定对象，以国家的职业技能标准作为鉴定依据；（3）职业资格证书作为确定劳动者职业资格、职业技能等级的法定形式。

（二）职业技能鉴定的机构和管理体制

我国职业技能鉴定机构是由政府授权，在劳动行政部门指导下，对劳动者进行技术等级的考核和技师、高级技师（以下统称技师）资格考评的事业性机构。职业技能鉴定机构在管理上实行中心主任负责制或站（所）长负责制。主要由国家级职业技能鉴定指导中心、省级职业技能鉴定指导中心、行业性职业技能鉴定中心、职业技能鉴定站（所）组成。

人力资源和社会保障部所属的职业技能鉴定指导中心为国家级，其主要职责是：参与制定国家职业技能标准和组建国家职业技能鉴定题库；开展职业分类、标准、技能鉴定理论研究及咨询服务；推动全国职业技能竞赛活动。

各省、自治区、直辖市人力资源和社会保障行政部门所属的职业技能鉴定指导中心为地方级，其主要职责是：组织本地区职业技能鉴定工作和具体实施考评员的资格培训；开展职业技能鉴定有关问题的研究和咨询服务；推动本地区职业技能竞赛活动。

经人力资源和社会保障部批准，有关行业可建立行业的职业技能鉴定指导中心，其主要职责是：参与制定国家职业技能标准以外非社会通用的本行业特有工种的职业技能标准；组织本行业特有工种的职业技能鉴定工作和考评员的资格培训；开展职业技能鉴定及有关问题的研究和咨询服务；推动本行业的职业技能竞赛活动。

职业技能鉴定站（所）是经人力资源和社会保障行政部门批准设立的实施职业技能鉴定的场所，它是职业技能鉴定的基层组织，承担规定范围内的职业技能鉴定活动。具体承担对待业人员、从业人员、军地两用人才、各级各类职业技术院校和其他职业教育和培训机构的毕（结）业生，进行职业技能鉴定。具体工作任务包括：（1）受理职业技能鉴定的申请，对申报人的资格条件进行审查，经鉴定指导中心核准后，签发准考证；（2）组织申报人员按规定的时间、地点和方式进行考核或考评；

(3)协调鉴定过程中的有关事务;(4)汇总鉴定成绩,并负责报送鉴定指导中心;(5)向鉴定指导中心提供鉴定报告,对考评小组的工作提出评价意见;(6)协助鉴定指导中心办理证书手续,并负责向鉴定合格者发放职业资格证书;(7)负责鉴定的咨询服务和信息统计等工作。

为加强政府对职业技能鉴定工作的指导、协调和监督职能,我国建立了相应的行政管理系统,职业技能鉴定实行政府指导下的社会化管理体制:

人力资源和社会保障部综合管理全国职业技能鉴定工作,制定规划、政策和标准;审查批准有关行业的职业技能鉴定机构。

各省、自治区、直辖市劳动行政部门综合管理本地区职业技能鉴定工作,审查批准各类职业技能鉴定指导中心和站(所),制定以下有关规定和办法:(1)参加技能鉴定人员的申报条件和鉴定程序;(2)专业技术知识、操作技能考核办法;(3)考务、考评人员工作守则和考评小组成员组成原则及其管理办法;(4)职业技能鉴定站(所)考场规则;(5)《技术等级证书》的印鉴和核发办法。

(三)职业技能鉴定的对象和内容

职业技能鉴定的对象为各类职业技术学校和培训机构毕(结)业生,凡属技术等级考核的工种,逐步实行职业技能鉴定;企业、事业单位学徒期满的学徒工,必须进行职业技能鉴定;企业、事业单位的职工以及社会各类人员,根据需要,自愿申请职业技能鉴定。

国家实施职业技能鉴定的主要内容包括:职业理论知识、职业技术操作技能和职业道德三个方面。这些内容是依据国家职业技能标准、职业技能鉴定规范(即考试大纲)和相应教材来确定的,并通过编制试卷来进行鉴定考核。对职业技能鉴定合格人员,由劳动行政部门核发国家职业资格证书。

三、职业资格证书制度

(一)职业资格证书制度的概念和意义

根据《职业教育法》的规定,实施职业教育应当根据实际需要,同国家制定的职业分类和职业等级标准相适应,实行学历文凭、培训证书和职业资格证书制度。职业资格是对劳动者从事某一职业所必备的学识、技术和能力的基本要求。

职业资格包括从业资格和执业资格。从业资格是指从事某一专业(工种)学识、技术和能力的起点标准。执业资格是指政府对某些责任较大、社会通用性强、关系公共利益的专业(工种)实行准入控制,是依法独立开业或从事某一特定专业(工种)

学识、技术和能力的必备标准。

职业资格证书，是指通过国家法律、法令和行政条规的形式，由政府认定和授权机构来实施，在全国范围内通用的，对劳动者的从业资格进行认定的国家证书。职业资格证书是劳动者职业能力水平的鉴定书，是劳动者进入劳动力市场就业的通行证，是劳动者求职、任职、开业的资格凭证，是用人单位招聘、录用劳动者的主要依据，也是境外就业、对外劳务合作人员办理技能水平公证的有效证件。《就业促进法》规定，国家对从事涉及公共安全、人身健康、生命财产安全等特殊工种的劳动者，实行职业资格证书制度，具体办法由国务院规定。

职业资格证书制度是目前我国劳动就业制度的一项重要内容，也是一种特殊形式的国家考试制度。它是指按照国家制定的职业技能标准或任职资格条件，通过政府认定的考试鉴定机构，对劳动者的技能水平或职业资格进行客观公正、科学规范的评价和鉴定，对合格者授予相应的国家职业资格证书。这是国际上通行的一种对技术技能型人才的资格认证制度。

我国目前存在三种资格认证体系：一是原国家人事部推行的职称评定；二是原劳动和社会保障部推行的职业资格认证；三是国家行业协会会同劳动和社会保障部实行的行业资格认证。国家人事部的职称在我国实行多年，取得过良好的效果。但在市场经济条件下，劳动者的职业能力须有统一、客观的评价体系，原有的职称评定有其局限性，且不能与国际接轨，所以职称评定现只在一定范围内实行，并处于淡化和废止状态。而职业资格认证与国家各行业协会的资格认证，完全与国际接轨，已经获得国际认可。我国将逐步在全社会实行学历文凭、培训证书、职业资格证书并重的制度，并通过国际交流与合作，使我国的职业资格证书制度成为劳动者进入国内劳动力市场和国际劳动力市场的“通行证”。

根据《劳动法》《职业教育法》原劳动和社会保障部发布的《招用技术工种从业人员规定》的有关规定，对从事技术复杂、通用性广、涉及国家财产、人民生命安全和消费者利益的职业（工种）的劳动者，必须经过培训，并取得职业资格证书后，方可就业上岗。原劳动和社会保障部依据《中华人民共和国职业分类大典》确定了实行就业准入的 90 个职业（工种）目录。自 2000 年 7 月 1 日起国家实行先培训后上岗的就业准入制度，用人单位招用技术工种的劳动者，必须从取得相应职业资格证书的人员中录用，从事就业准入职业的新生劳动力，就业前必须经过 1~3 年的职业教育和培训，并取得职业资格证书；对招收未取得相应职业资格证书人员的用人单位，劳动监察机构应依法查处，并责令其改正；对从事个体工商经营的人员，要取得职业资格证书后工商部门才办理开业手续。实行职业资格证书制度，对全面提高劳动者素质，促进劳动力市场的建设，加强国家对劳动力市场的指导、监管，促进经济发展都具有重要意义。

（二）职业资格证书的核发与管理

职业资格证书制度遵循申请自愿、费用自理、客观公正的原则。凡中华人民共和国公民和获准在我国境内就业的其他国籍的人员都可按照国家有关政策规定和程序申请相应的职业资格。

国家职业资格证书参照国际惯例，实行国际双边或多边互认。随着社会经济的发展，作为社会劳动者，应不断加强自身意识，积极参加职业教育和培训，取得人才市场上的“通行证”。

第八章 职业教育与职业培训发展

第一节 职业教育模式的比较分析

2010年9月,全国高等职业教育改革与发展工作会议上,全面部署了未来10年高等职业教育战线发展战略及发展任务。确定了以提高质量为核心,以合作办学、合作育人、合作就业、合作发展为主线,深化教育教学改革,推进体制机制创新,努力建设中国特色现代高等职业教育。中国职业教育的未来发展翻开了新的一页。

一、职业教育的不同模式

世界各国由于历史发展、文化传统以及就业制度的不同,职业技术教育也经历了各自不同的发展进程和模式。从职业教育的办学主体角度来看,世界上职业教育的模式主要可以归纳为以下四类。

(一)以职业学校为办学主体的"学校本位"模式

这种模式是指由国家举办的职业技术教育学校为办学主体的办学模式。在这一模式中,国家是职业技术教育的投资者,学校则是职业技术教育的实施者。学校本位模式的代表人物是英国经济学家巴洛夫。20个世纪60年代是"人力规划"理论的盛行时期。巴洛夫正是在这样的背景下主张发展中国家的职业教育应以"人力规划"为出发点。他认为职业教育应该以经济发展计划为主要依据,经济发展及其所需的人力资源都是可以"预测"和"规划"的,在此基础上进行"人力储备"。而"人力储备"可以通过教育,特别是职业教育来实现。也就是说,职业教育应当以经济发展预测为依托、以"人力规划"为出发点去培养和提供人才。为此,巴洛夫主张按计划大力发展正规的学校形态的职业教育,坚持"学校本位"的办学形式,以求得人力培养上的规模效益。他认为发展中国家可以通过重点投资学校形态的职业教育来发展经济。这一观点在当时得到了联合国教科文组织、世界银行等国际组织的支持并一度成为20世纪60~70年代世界职业教育发展的指导思想,因此有主流学派之称。再加上当时受"发展经济学"和"人力资本理论"的影响,人们普遍认为职业技术教育和培训能够最有效和直接地提高劳动力素质，从而提高劳动生产率和产品质量，只要政府加大投资力度，发展职业教育，就能推动经济的发展，加快现代化的进程。世界各国不约而同地加强了对职业技术教育和培训的重视，增加经费投入，发展职业教育。世界职业技术教育事业进入了黄金时期。学校本位模式的培训也在这种背景下蓬勃发展。这一模式由国家提供经费保障，学生能够在各级各类职业学校中接受系统的专业理论知识教育，毕业生具有扎实的职业理论基础。

但按照这种模式观点制订的职业教育发展计划，在许多发展中国家的实施并不顺利。学校本位模式的职业技术教育和培训的最大不足就是与人力资源市场的实际需求在很大程度上脱节，这主要表现为对市场需求的变化反应迟钝，从而导致学校教学内容在实践中缺乏针对性，影响了学生今后的就业能力和机会。与国家对职业技术教育的巨大投入相比，这一模式并没有实现相应的产出，出现了高成本低收益的问题。这些问题的存在制约了学校本位模式的发展，因此，在实践中，学校本位式的职业技术教育中也不断增加了技术操作方面的内容，培养学生的实际动手能力。

（二）以企业或雇主为办学主体的“企业本位”模式

与学校本位模式相对的是企业本位模式。顾名思义，这种模式是指主要由企业或雇主承担职业技术教育职责的办学模式。有的国家会给企业提供一定的补贴。针对巴洛夫提出的学校本位模式观点，美国教育学和社会学家福斯特与其展开了长达25年的论争。福斯特全面否定了巴洛夫理论，指出经济发展是很难准确“估计”的；经济发展所需的“人力”也是难以准确“预测”的；根据这种“预测”作出的人力规划“往往脱离经济中就业机会的实际结构”；按照“人力预测”作出的职教发展规划、“储备”的“人力资源”常常会与实际存在很大差别，既可能造成浪费，也可能加重失业状况。一句话，基于简单预测的“人力规划”不能也不应成为职教发展的依据。在福斯特看来，受教育者在劳动力市场中的就业机会和就业后的发展前景是职业教育发展的最关键因素，因此，职业教育的发展必须以劳动力就业市场的实际需求为出发点。基于此，以福斯特为代表的企业本位倡导者反对学校形态的职业教育，认为职业教育的重点是非正规的在职培训，企业本位的在职培训优于学校本位的职业教育，其理由是它比发展正规的职业学校更经济、更少浪费。由于这一派观点与在当时年代盛行的学校本位相反而被称为非主流派，但它到了20世纪90年代反而成了指导世界职教发展的主流思想。这是因为进入20世纪70年代以后，因石油危机而引发的世界经济危机使职业学校毕业生的就业遇到了很大的困难，许多国家对大力发展学校形态的职业教育以及巴洛夫的其他职教思想产生了怀疑。与此相反，推行了企业本位模式的国家如日本、韩国、新加坡等的成功经验却印证了福斯特“职业学校谬误论”在实践中的合理性。

企业本位模式因其在实践中取得的成功经验而受到了国际组织的支持，从而推动了世界职业技术教育和培训在20世纪90年代发生战略上的转变。《1991年世界银行关于职业教育和培训的政策文件》就是这一转变的最明显标志。根据这一文件，职业技术教育和培训要进行以下几个转变。

第一，职能上的转变，由原来的“有计划地培养人才，供应人才，促进经济发展”转变为“根据劳动力市场实际需求组织培训，满足需求，适应经济发展”。

第二，办学模式的转变，由原来的“学校本位的职业教育”转变为“企业本位的职业培训”。

第三，职业教育与普通教育之间关系的转变，由原来的“替代关系”转变为“互补关系”，提出在扎实普通教育基础上实施职业技术教育。

第四，主体责任的细化，即根据职业技术教育和培训的不同目的，提出了新的责任分工：职业培训以企业为主，其主要任务是岗位培训；就业培训以政府为主，主要任务是解决失业、转业问题；职业基础教育以学校为主，主要任务是解决职教的文化基础问题，三者之间协作发展。

显而易见，世界银行的这一文件是以福斯特观点为基础提出来的，它的出台正式确立了企业本位培训模式在职业技术教育中的主流地位。

实行企业本位模式的国家没有将职业培训的主要职责交给学校，而是将培训重点放在企业，由企业作为职业培训的主要实施者来培养符合本企业实际需要的专业技能人才，体现了这一模式的优点在于培训与劳动力市场的需求紧密结合，使学生能够即学即用、学以致用。可见，在企业本位培训模式中，职业培训的职责已经从政府转向企业，企业才是决定职业培训成败的环节，而这一模式的弱点也恰恰在于此。由于培训的内容往往只局限于某个企业的具体工作，而企业内的培训又缺乏企业与企业之间的横向联系，导致学生在就业中的适应面偏窄。

采用企业本位模式的代表性国家有日本、韩国和新加坡等。

（三）企业与学校紧密结合的“双元制”模式

1.“双元制”的涵义

“双元制”是源于德国的一种职业培训模式。所谓“双元”，是指职业培训要求参加培训的人员必须经过两个场所的培训。一元是指职业学校，其主要职能是传授与职业有关的专业知识；另一元是企业或公共事业单位等校外实训场所，其主要职能是让学生在企业里接受职业技能方面的专业培训。这种模式在德国的企业中应用很广。

“双元制”职业教育包括三个方面。第一，职前的职业教育。向即将参加工作的学生传授相应的职业知识、必需的职业技能与相应的经验。第二，进修。主要为了适应新技术的变化而进行的短期培训。第三，转岗培训。行业的更新与产业结构的调整，原有产业的从业人员面临新的职业选择，必须通过职业教育以适应新职业需求。

职业教育的专业设置、课程设置、培养目标、教学方式和考试方式都围绕职业需要来进行。专业设置由各州根据实际需要，在职业分析的基础上完成。如瓦仑市是德国媒体业最发达的城市，市内有德国最大的内陆湖米里茨湖，旅游资源丰富，该市的职业教育就以媒体设计、旅游、餐饮服务等急需专业为主要办学方向，相关专业设置也主要围绕这些方向而进行。

职业教育的能力培养是以社会职业能力为本位的，以受教育者为中心，所以社会的需要会反馈为学生的需要，学生的需要又成为职业教育的出发点。“双元制”教育究其实质是专业技术人员的岗前培训，教育各环节的实施都紧密围绕着企业的用人需求，增强了社会实用性，节约了教育资源的投入。

“双元制”是德国职业教育最突出的特征。所谓“双元制”是由企业和相应的职业技术学校共同完成的职业教育。“双元制”职业培训分别是在企业和学校里进行的。通常在企业里进行 3 ~ 4 天的实践培训，在学校里进行 1 ~ 2 天的理论培训。“企业与学校”这一培训比例始终贯穿双元制职业培训。除了这一“分散”培训模式外，还有一种“集中”培训形式，即可根据具体情况安排学生在某一段集中的时间内进行培训。德国“双元制”职业培训通常为 3 年。

企业里的职业培训是根据企业培训规章进行安排和组织的。培训规章明确规定了培训的最基本内容；职业学校的课程是按照联邦教学大纲设置的。企业和学校可根据具体情况充实基本培训内容。为了更好地适应社会和经济发展的需求，培训规章和教学大纲适时进行修改和补充。

2.“双元制”的主要特点

（1）同实践生产紧密结合，具有较强的能力针对性。“双元制”职业教育形式下专业的学生大部分时间在企业进行实践操作技能培训，而且所接受的是企业目前使用的设备和技术，培训在很大程度上是以生产性劳动的方式进行，有利于学生在培训结束后即可顶岗工作，具有较强的能力针对性。（2）企业的广泛参与。大多数企业拥有自己的培训基地和人员。“双元制”模式针对性较强，重能力，能充分调动企业办学的积极性，使企业与学校、实践技能与理论知识的紧密结合。(3)满足社会的需求。企业和当地经济发展需要多少人，就培训多少人。(4)职业教育以技能培训为主。各种考试也重在技能，这种模式对高素质劳动者的培养、产品的高质量，都起着重要的作用。

德国“双元制”职业教育的大门向每个德国公民敞开，每个想接受培训的公民都可以不受限制地在其中找到培训位置，唯一的条件是接受培训的学生必须选择一家企业，并与之签定培训合同(而非工作合同)。由于各个企业的条件不同，所以培训水平也就各不相同。

(四)政府直接干预的“社会本位”模式

20世纪70年代，世界性经济危机导致很多发达国家的劳动力市场供过于求，学校本位模式下的“人力生产规模效应”在此种形势下更加突显了当时的就业压力。这时传统的学校本位模式就越加受到批判和责难，其他职教模式就应运而生。除了上文所述的企业本位模式之外又产生了一个全新的模式——社会本位模式。

到了20世纪70年代中后期，为了解决失业问题并促进失业人员再就业，西方国家从职教领域采取措施，由政府直接干预职业教育和培训，加强了独立于学校以及企业之外的职业培训，就此形成了社会本位模式的职业培训。职业学校、企业和相关社会组织都可以参与职业培训，此种模式的特点是，政府对职业培训进行规划和安排，由各种社会组织负责具体的实施，政府提供补贴。可见，政府在其中处于主导地位，或者说，这个模式主要是一种政府行为的培训模式。

以英国为例。进入20世纪70年代后，英国经济便开始出现衰退的迹象，雇主对劳动力的需求不断减少，造成劳动力过剩，失业率上升。此外，当时的学校教育与社会需求脱节，引起了人们的批评。为此，英国政府从70年代末开始大力发展青年的职业培训，推行了一系列的职业培训计划，如青少年机会计划(YOP)、统一职业准备(UVP)和青少年训练计划(YTS)。其中的青少年教育计划始于1978年，为19岁以下未就业的青年提供适合于他们个人需要的职业技术训练和工作实践，并帮助他们尽可能找到职业。计划的具体主持者是雇主、地方教育当局和其他公共机构、民间组织，由它们为需要接受训练的青年提供训练岗位。青年机会计划的实施缓和了英国青年失业率急剧上升的态势。与此同时开展的统一职业计划为已经就业但没有接受正式教育或训练的青少年提供有针对性的训练课程，以提高他们的职业能力，避免失业。在此基础上，英国于1983年9月推出了面向所有18岁以下未受过全日制教育的青少年的青年训练计划，其目的不仅是为了减少和防止失业，而且也是为了开发人力资源，同时提高个人的就业能力。这一计划的成功实施，使很多青少年得到了培训，提升了他们在劳动力市场上的竞争能力。同一时期，日本的就业形势也同样严峻，转行转业训练便成为急需。为了给中、高龄劳动力提供职业训练的机会，实现再就业，日本于 1978 年 5 月重新修订了《职业训练法》，旨在建立官民一体的、灵活的职业训练实施制度。为了扩大职业训练的范围，修订后的《职业训练法》将职业训练的对象从技术工人扩大到第三产业各行业的所有工人。公共职业训练的机构是指国家、都、道、府、县、市、街、村以及职业促进团体所进行的职业培训机构，还包括专门学校、职业高中、职业训练学校等。公共职业训练中的能力再开发训练就是以失业人员或需要变换工种的转业人员为对象，使他们获得转换职业或再就业所需的知识和技能，所需的经费则每年由中央及地方政府编列预算。

社会本位模式的职业培训能够针对劳动力市场的实际情况进行灵活的培训，同时，由于有政府的主导作用，经费上一般有保障，参与的培训机构也具有多样性，长短期培训兼而有之，以短期的为主。但是，这一模式下的培训由于其灵活多样而难以形成一个独立的体系。

二、我国的职业教育任重道远

目前我国职业教育体系的责任主要是由政府部门承担的。在办学模式上，学校职业教育即学校本位模式占据着绝对主导地位。虽然学校职业教育能够在人才培养上产生规模效应，但它所培养的基本上属于普通型的技能劳动者，技能的专深程度不够，与工作的关系不够密切，与劳动力市场的需求不相匹配，改革传统的学校本位教育模式势在必行。国务院提出“以服务为宗旨、以就业为导向”的职业教育办学方针，积极推动职业教育从计划培养向市场驱动逐步转变。

（一）我国职业教育存在的问题

“双元制”模式因其历经世界经济危机的考验而从 20 世纪 70 年代后为许多国家所借鉴，在我国的很多试点项目也取得了成功经验，但在推广方面仍然存在如下阻碍。

1. 理论教学。德国“双元制”是小班教学。我国目前基本上都是四五十人一个班。要扩大教学规模，学校不可能配备这么多教师，仅教师编制就是一个瓶颈。

2. 真正的“双元制”教学要求用最好的材料，但我们出于节约成本考虑往往采用替代办法来练基本功。

3. 理论教师的实践经验比较欠缺。我们的理论教师来源与国外不同。德国的教师至少先在企业工作 5 ~ 6 年，然后来当专业教师。他们讲专业理论课程更结合企业实际，更有针对性。我国对于教师资格过于强调学历而忽视企业工作实践。因此，他们难以了解企业的生产技术，也很难了解企业需要什么样的学生。

4. 难以采用国外的一体化教学，理论课后马上可以动手操作。我们目前普遍存在实训设备和场地不足的情况。

5. 学生的身份存在本质性的差别。德国“双元制”属于企业招生，学生首先是企业的学徒，然后才是职业学校的学生，这是我们短期内难以学到的。而我们的职业教育是学校招生，学生就是纯粹的职校学生，在企业实习也是以学校学生的身份在进行。针对我国的国情，今后的职业教育将大力推行“工学结合”“校企结合”的新模式，即在办学模式上采取“校企结合”，在教学方式上采用“工学结合”，以各种形式使企业有效参与到职业教育之中。

（二）改革职业教育模式探析

1. 推行订单式办学模式

此种方式类似于德国“双元制”教育模式中的企业培训，即按照德国“双元制”教育运作机制，按某一企业的要求和行业标准，由学校和企业联合组织培养的职业教育模式。学校和企业是合作伙伴关系，地方政府起桥梁作用；学生第一学期在学校学习文化知识、专业理论，第二、三、四学期采取部分时间轮流在学校学习文化知识、专业理论，在企业学习专业技能，第五、六学期主要在企业生产岗位实习，整个过程中学校和企业的时间分配可灵活确定。学校的重点是学生管理、专业理论知识的传授、普通人文知识的教育；企业的重点是在企业建立实习工厂，通过实践传授专业技能，培养学生与职业有关的行为能力和社会能力，让学生做好职业生涯准备，等等。这一模式的特点是，学校招生与企业招工同时进行，学员是学校的学生，又是企业的职工，学生毕业后全部为本企业服务。企业和学校是办学的共同主体，学校承担了主要的学生管理工作，企业扮演了专业培训上的主导角色，企业参与学生培养的全过程，决定了学生专业上的培养方向。

2. 推行自主式办学模式

即根据德国“双元制”教育模式运作的关键环节，由董事会管理，专门的培训机构按行业标准组织实施的职业教育样式。董事会以股份制合作为基础，成员单位为地方政府、学校、有关的企业。学校和企业是股东关系，董事会成员分工明确、各司其职，重大事项召开董事会集体决定。学生第一学期在学校学习文化知识、专业理论和基础专业技能，第二到第六学期均采取部分时间轮流在学校和企业学习文化知识、专业理论和专业技能，其中第五、六学期用一半以上时间在企业生产岗位实习。学校的主要任务是对学生传授理论知识和基础专业知识，负责招生、学生管理、发放学历证等。企业的主要任务是提供相应的空间、设备建立专门的实习工厂，并提供实践培训所需的教学材料，负责办理职业等级证书等。这一模式的特点是，学校负责招生，学生毕业后由培训中心推荐到各企业工作；企业和学校是办学的共同主体，企业参与学生培养的全过程。

3. 推行应用式办学模式

即学校参照德国“双元制”教育的基本要求组织实施，主要强化学生在学校教学工厂和各企业生产部门的实训、实习环节。学校和企业是主客关系，地方政府起引导作用。

学生第一学期到第四学期采取部分时间轮流在学校的课堂和教学工厂学习文化知识、专业理论和技能，并到企业进行认识实习和中间见习，第五、六学期在企业生产岗位实习。从教材、教学计划、教学大纲、课程设计、教学手段、学生评价方式等方面向德国“双元制”靠拢，特别是要增加学生在学校教学工厂和企业生产部门的实训和实习的时间。这一样式的特点是以学校为主，企业为辅，学校争取与企业共同配合培养；学校教学工厂和企业生产车间共同构成“企业元”，学校实训场所企业化定位，实现角色转换。

第二节　劳动预备制度与企业员工培训制度

一、劳动预备制度

劳动预备制度是国家为提高青年劳动者素质，培养劳动后备军，促进青年劳动者就业而建立和推行的一项新型培训就业制度。

（一）国家对建立劳动预备制度的具体要求

《劳动法》第六十八条规定：“从事技术工种的劳动者，上岗前必须经过培训。”《职业教育法》第八条规定：“国家实行劳动者在就业前或者上岗前接受必要的职业教育的制度。”中共中央国务院《关于切实做好国有企业下岗职工基本生活保障和再就业工作的通知》（中发[1998]10号）要求：“要普遍实行劳动预备制度，对城镇未能继续升学的初、高中毕业生，进行1~3年的职业技术培训。”中共中央国务院《关于深化教育改革全面推进素质教育的决定》（中发[1999]9号）要求：“积极推行劳动预备制度，坚持实行先培训、后上岗的就业制度。”这些规定是建立和实施劳动预备制度的重要依据。《国务院办公厅转发劳动保障部等部门关于积极推进劳动预备制度加快提高劳动者素质意见的通知》中规定："从 1999 年起，在全国城镇普遍推行劳动预备制，组织新生劳动力和其他求职人员，在就业前接受 1 ~ 3 年的职业培训和职业教育，使其取得相应的职业资格或掌握一定的职业技能后，在国家政策的指导和帮助下，通过人力资源场实现就业。"

（二）劳动预备制度的内容

1. 实施劳动预备制度的对象

主要分为三类：一是有劳动能力和就业愿意的城镇未能继续升学的初、高中毕业生；二是农村未能继续升学并准备从事非农产业或进城务工的初、高中毕业生；三是准备从事农业生产劳动的初、高中毕业生以及城镇失业人员、企业下岗职工。对于已经就业但尚未经过培训的劳动者也要进行岗位培训。

2. 入学方式

参加劳动备制培训的人员无需考试即可直接入学。

3. 培训内容和培训期限

对劳动顶备制人员的职业培训和职业教育，是根据人力资源市场需求，按照职业分类和职业技能标准来组织进行的。培训内容上要进行职业技能和专业理论学习，并进行必要的文化知识学习和创业能力培训，同时进行职业道德、职业指导、法制观念等教育。培训时间根据学员文化基础和所选专业确定，技术职业（工种）一般应在两年以上，非技术职业（工种）一般应在一年以上。特殊职业（工种）的培训期限和内容，可适当调整。

4. 培训形式

对劳动预备制人员进行培训，可采取灵活多样的培训形式，如全日制、非全日制以及学分制相结合或远程培训等灵活多样的培训形式，还要组织劳动预备制人员进行生产实习，开展勤工俭学，并组织其参加社区服务、公益劳动等社会实践活动。

5. 培训经费

开展劳动预备制培训所需经费，原则上由个人和用人单位承担，政府给予必要的支持。用人单位委托培训机构进行定向培训，其培训费可在职工教育经费中列支。对个人收取培训费，可参照当地职业学校和培训机构的收费标准执行。对家庭经济确有困难的，可酌情减免培训费用。

6. 就业服务

劳动预备制人员培训或学习期满，取得相应证书后，方可就业。从事一般职业（工种)的,必须取得相应的职业学校毕业证,或职业培训合格证书。从事国家和地方政府以及行业有特殊规定职业(工种)的,在取得职业学校毕业证书或职业培训合格证书的同时,还必须取得相应的职业资格证书。从事个体工商经营的,也应接受必要的职业培训,其中从事国家和地方政府规定实行就业准入控制职业(工种)的,必须在取得职业资格证书后方可办理开业手续。对未经过劳动预备制培训学习,或虽经劳动预备制培训学习,但未取得相应证书的人员,职业介绍机构不得介绍就业,用人单位不得招收录用。对违反规定招收、录用的单位,劳动监察机构要责令其改正,并要求未经培训学习的人员参加相应的劳动预备制培训学习,限期取得毕业证书、职业培训合格证或职业资格证书。根据国家就业方针和劳动力市场需求,组织"双向"选择,优先推荐就业。同时,公共职业介绍机构定期对学员进行职业指导,帮助学员就业或自谋职业。

二、企业员工培训制度

(一)当期企业员工培训制度存在的问题

1. 培训缺乏系统性、针对性不强

当前多数民营企业的培训只是人力资源部对各基层单位上报的培训需求进行汇总、筛选,而各单位的培训需求计划全凭各部门领导的经验和主观判断来确定。企业组织层面有哪些需求,员工能力差距在哪,是否需要做培训,员工缺少的是知识、技能还是态度,企业均没有进行系统的需求分析,造成培训没有很好地从需求出发,做到有的放矢,而是随意为之。培训班办了一期又一期,从表面上看,员工培训工作开展得轰轰烈烈,可实际上员工真正缺乏或急需提高的知识和技能在培训中却没有得到很好解决,造成培训针对性不强,培训效果不佳。不仅浪费了人力、物力及财力,而且使学员对培训慢慢失去热情,逆反与抵触心理不断作梗,造成培训效果不佳的恶性循环。

2. 培训内容陈旧、培训方法单一

目前多数民营企业培训内容局限于传统培训中对员工知识和技能方面的培训,缺乏对培训对象品质的塑造,很少进行企业文化、价值观以及职业道德培训。企业文化培训仅停留在宣传栏上的一些文字,未能通过企业文化培训促使员工改变自身的态度与行为。在培训方法的选择与运用上,企业大多运用传统的讲授法授课,互动式教学、案例分析、网络多媒体设施等没有有效利用,培训缺乏时代感和新颖性,学员对上课产生枯燥感,课堂气氛沉闷,课堂打盹、溜号现象时有发生,使培训效果受到影响。

3. 员工培训体系不适应企业发展战略

企业发展战略是对企业发展的谋略。企业发展战略要求企业员工具备发展战略眼光，要求员工能够适应企业快速发展的步伐，同时对企业员工培训体系提出了较高的要求，当前多数民营企业的培训体系起步较晚，培训很大程度上浮于表面，而且并没有开设单独的课程来培训员工的企业战略眼光，员工的技能和素质并没有得到根本的提高，一定程度上阻碍了企业的快速发展。企业发展战略是一个战略体系。在企业发展战略体系中，每一项战略在企业发展中所起的作用是不同的。其中，培训员工的战略对企业发展具有重要的指导作用，对其他战略具有重要的带动作用。如果说在企业发展战略体系中每一项战略都是重要的，那么培训员工战略眼光就是最重要的战略之一。

（二）企业员工培训制度存在问题的原因

1. 管理层对培训重视度不高

当前民营企业领导层中，有很多领导思想上对培训工作存在误区，对培训认识不足：一方面认为自己没必要培训。理由是认为自己经验丰富、工作能力强、文化水平还说得过去且工作繁忙，只要确保本部门工作完成就可以了，还用浪费时间去培训干吗？另一方面认为培训只是人力资源部的工作职责，和其他部门没有太多的联系，只要培训部门自己做好工作，培训就会收到良好的效果。所以有关于培训工作的问题，各部门的管理者们很少与培训部门进行必要的沟通和密切的配合，也很少关心培训的事情。即使是本部门的培训，也常常以生产任务重为理由，或推脱或应付了事，缺乏对培训的足够重视，造成员工培训需求、计划、实施、评估流于形式，缺乏实效性。

2. 员工培训激励机制不健全

目前部分民营企业培训激励机制不健全，影响了员工参加培训的热情与培训效果的转化，主要表现在学用制度不完善，培训成效评估缺乏一套科学、严密、规范的评价标准和方法，培训与实际应用还不能完全挂钩，对培训工作的指导和监督作用发挥不够。培训奖惩机制不到位，学好学坏一个样，难以对培训工作的组织和参训者形成必要的压力。这些因素使员工培训激励机制弱化，制约了员工参与的热情；激励约束不严密，落实随意性大。

（三）完善企业员工培训制度的对策

1. 增强培训意识，强调培训的针对性

一是理念层次的培训，企业文化是发自员工内心并且是化为血肉的东西，所以企业文化的培训是基础的培训。二是技术层面的培训，企业要重视对员工的技术更新，否则招聘成本往往大于培训成本。三是职业化的培训，使从业人员更专业、更敬业，这是每一个企业发展的需要。四是素质的培训，作为职业人员都需要最基本的素质，职位越高的人员素质要求越高。一项培训结束，会对员工有很多触动，并对以往的工作方式有一个反思，同时会考虑如何去应用。而如何把好的东西固化下来，持久地发挥作用，关键是要营造一种应用的氛围。

2. 完善培训激励制度，注重培训的层次性

企业要不断完善培训、考核、使用与待遇相结合的激励机制。把培训结果与奖惩挂钩，把对培训的重视程度以及受训学习的好坏作为转岗、晋升、提薪的重要依据，对达不到规定培训要求的给予一定的经济处罚，并酌情调岗、待岗、降级使用等处罚；对培训工作的主管部门及执行部门也要进行考核，把培训工作的好坏作为评价其工作的重要依据；鼓励员工进行更高一级学历教育和职业资格教育，企业给予时间和学费上的支持。

注重培训的层次性，采取灵活多样的培训方式是实现培训预期目标的重要途径。首先是以提高能力为目标的基层员工培训。以学文化、学技能、学管理、争当岗位能手为主要内容，时间可长可短，形式不拘一格，分期分批对基层员工进行轮训。其次是中层管理人员的脱产培训。以提升管理能力为重点，以封闭式培训为平台，采取案例教学、体验式教学、互动研讨交流等灵活多样的培训方式，使每位中层管理人员能够静心检视自己的心智模式，全面提高自己的领悟力和创造力。第三是技术人员的知识更新。以自学、再进高等学府深造为手段，千方百计提高技术人员对前沿科学技术的了解和掌握，以提高企业的创造力、核心竞争力。第四是高管人员的培训。采取走出去、请进来、以走出去为主的方式，着力培养高级管理人员。

3. 加强培训师资队伍建设，注重培训体系建设

通过举办内部培训师经验交流、外请人员培训、提供更多参与外部培训的机会、鼓励内部培训师参加国家企业培训师资格考试等方式，不断提高内部培训师的业务水平和教学能力。另外，加强培训师的日常管理与考核，企业人力资源部通过教案抽查、听课、整理学员反馈意见等方法对讲师进行日常考核，连续 2 次考核平均分低于 60 分的，将取消讲师资格或降低讲师等级。讲师等级结果直接关系到培训师的报酬，

同时作为晋升、绩效考评的一项重要参考。

企业培训的主体是企业，培训工作是企业经营活动和各项管理工作的内容之一，企业的领导者必须从建立现代企业教育制度的视角来审视企业培训工作，注重培训体系建设。当今，面对国际化、经济全球化、商务电子化、知识产权化的生产环境，知识能力的提高已经成为企业成长的重要条件，离开了企业培训，企业就不可能建立起完善、高效的人力资源开发机制。

第三节 职业资格证书制度

本节在分析我国职业资格证书制度问题的基础上，总结我国职业资格证书制度建设的有效措施，基于全方位加强职业资格证书管理完善相关管理体系。

一、我国职业资格证书制度的问题

（一）相关法规不健全

我国职业证书管理法规不健全，目前涉及到职业资格证书管理的法规散见于《劳动法》、职业教育法以及一系列政策文件当中，我国职业证书制度与职业技能鉴定的法规体系不完善，缺乏具体的职业技能鉴定标准，没能形成国家法规、行政法规与地方法规相衔接的法律法规体系。我国职业资格证书管理的相关文件往往自成体系，未能有效明确各类职业资格证的性质和类别，没能实现职业资格的末端监管与有效执法。由于缺乏对职业证书的统一法规，没能设定具体的统一管理职业资格证书的国家机构，因此我国职业证书存在严重的重复供给现象，严重影响职业资格证书管理体系的健康运行，降低职业资格证书的供给质量，职业资格证书的社会认可度较低，没能发挥出职业资格证书的价值。

（二）管理机制不健全

我国职业资格证书管理原则上归人力资源和社会保障部，人力资源和社会保障部在实质上充当了认证机构与监督机构的角色，这种自我认证和自我监督的方式影响职业资格认证管理的客观性。我国经济体系的日益完善，职业资格认证正逐步向行业认证的方向发展，当前存在着行业认证与政府认证并存的问题，特别是随着国际认证机构的加入，我国职业资格认证的管理体系更加混乱。各发证机构存在着一定的利益冲突，不同认证机构发布的同一类别的职业资格证书的沟通协调不足。这在很大程度上造成职业标准不一致、职业资格体系杂乱无章的问题，大幅度地降低了职业资格证书的科学性和权威性。虽然我国近年来取消了一批职业资格许可，但是职业资格证书管理体系仍然有无序现象。我国职业资格认证还存在认证实施机构职责不清，政府、行业协会、认证中介组织权责不明确的问题。人力资源部门无法对其他政府部门职业资格认证进行有效监管，由于缺乏一个统一的职业资格认证与权威的职业资格管理体系，导致职业资格证书需求方无所适从，造成需求方需要重复参与考试的问题，因此导致了职业资格证书成本增加，违背职业资格证书管理原则，不利于满足充分的创业就业社会需求。

（三）分类体系混乱

职业资格证书的颁发与职业分类和职业标准化密切相关，职业分类与职业标准体系应当充分反映经济与社会职业活动需要，反映科学进行与科技发展的基本属性，从而对劳动者的素质要求提出指导性的意见建议。随着我国科技的快速发展，产业结构的调整升级，我国社会职业结构和内涵发生明显的变化，我国职业分类大典也于 2015 年进行了重新修订，一些职业随着社会发展逐步衰落，一些新的职业出现并快速发展，职业分类的变化更新要求职业标准同步发展。但是一些操作型、应用技能型的职业，尤其是社会服务类职业的职业标准仍不完善，国家现有的职业资格标准与国家职业分类大典的职业数量相差甚远，这在很大程度上造成职业尚无相应考核标准的问题。而且现有的职业考核标准滞后于科技发展，不能适应生产技术的需要。我国政府对行业业务不熟悉，企业与行业组织被排斥在职业资格证书制度的设计和参与之外，企业对劳动者的素质要求无法反映在具体的职业标准当中，导致职业标准制定在很大程度上偏离实际需求。由于职业标准存在多头管理的问题，不同职业资格证书的管理主体不同，因此要求劳动者必须经过企业内部培训和内部考核，这在很大程度上导致职业资格证书的权威性、通用性、实践性受到质疑，影响了职业资格证书的社会认可度。

二、我国职业资格证书制度的改革

（一）优化顶层制度设计

提高我国职业资格证书管理的科学性，还要优化职业资格证书管理制度的顶层设计，全面加强职业资格证书管理的立法工作，做到职业资格证的科学化、权威化与专业化管理。首先，制定有关职业资格证书管理的专门法规。依据我国职业分类和职业标准，补齐补全职业资格证书，形成全面性的职业资格证书体系。其次，明确职业资格证书管理权限，既体现出行政管理部门的监管职责，又体现出职业资格证书体系的动态变化特征，切实发挥行业前沿发展趋势，注重由行业协调、行业中心等参与到职业资格证书的考核工作中来。再次，还要形成国家、部门、地方协调一致的职业证书管理体系，在明确权责的基础上建立完善的职业资格证书的管理系统，从而提高职业资格证书管理的科学性。

（二）重点改进管理标准

提高我国职业资格证书管理的有效性，还要优化职业资格证书管理的规范性，注重提高职业资格证书管理的统一性，应当及时修订与更新职业资格证书管理分类标准，及时控制职业资格证书制度，形成科学的职业资格证书的操控体系。首先，创新职业资格证书的考核内容与创新考核方法，提高职业资格证书的供给质量，加大职业资格证书的社会认可度。其次，发挥企业、职业技术院校在职业资格证书制度中的参与作用，由更多的社会群体对职业资格证书的供给与考核提供必要的监督，探索社会化的职业资格证书管理体系，更好地发挥职业资格证书的功能。

（三）创新管理工作方式

为了提高职业资格证书管理有效性，还要创新职业资格证书的管理方法，优化职业证书管理模式，着力运用多元化的方式进行职业资格证书的管理。首先。应当基于行业权威整合类型重复的职业资格证书，注重提高我国职业资格证书与国际接轨水平，切实达到职业资格证书的标准化建设。其次，降低职业资格证书获得成本，重点基于劳动的现实需要，优化管理体系和降低管理繁琐性，从而满足劳动者获得职业资格证书的需要。再次，优化和改进培训制度，由传统的理论化职业资格证书考试向实践化的方向改革，真正发挥职业资格证书的技能技术鉴定作用，满足社会对技能型人才的需要。

职业资格证书管理工作应当形成完善的体系，创新职业资格证书的管理方式，注重按照标准化、系统化、全面性与专业化的理念加强职业资格证书管理。

第九章　职业院校的培训教学

第一节　职业技能培训课程建设

职业技能培训课程是高职课程体系中极其重要的组成部分，通过教学，培养学生的职业技能与实践能力，养成基本职业素质，包括考取相应的职业资格证书，从而提高学生毕业后求职就业的能力。当前，课程建设中存在一些问题，而且有的问题似乎还是“老问题”，由于长期没有得到较好的解决，严重影响了课程教学质量，应予以改进。

一、课程目标

课程目标是课程内容及组织、课程评价的前提，也是基本依据，所以课程建设的第一项工作就是要确立课程目标。在课程目标的确立中，主要存在以下一些问题：

（一）单一化、趋低化

注重对学生操作技能、动手能力的培养，而忽视认知能力、综合性实践能力的培养，忽视通识素养的养成。在此目标指引下，课程成了训练学生操作技能、重复手工劳动的培训课。这不利于学生的学习发展，不利于学生的职业成长，也与高职高层次、高素质的人才培养要求不相适应。从职业能力的角度讲，单从外显的操作技能、动手能力来判定从业者的职业能力是不充分的，还应深入到内隐层面，包括认知与思维能力，综合实践能力，以及心理、情感态度、价值观等精神层面的内容。而且随着社会的发展，职业能力的含义还会发生变化，将变得外延更宽、内涵更丰富。从高职人才培养要求的角度讲，高职不能只培养学生某种技能，应从更高的意义和层面去促进学生的发展，体现知识论要求、体现教育性要求。而从学生学习发展的角度讲，学生操作技能、实践能力习得的过程并非只是动作的模仿以及反复训练的过程，需要认知、思维、情感、态度等多种因素的共同参与，改善这些素质有助于提高实践效能水平，有利于使学习向高层次发展，从长远来说则有利于增强学生发展的后劲。因此，我们应改变狭义的技能教学观，在课程目标的确立中，目标指向要由单一转向多元，体现对知识、技能、综合能力与素质的全方位关注。

（二）功利化

高职教学往往过于功利化，课程目标忽视课程的一般性教育功能，职业技能培训课程则更不例外，把关注的焦点仅仅放在学生掌握所谓的“实用技能”上。特别是职业资格取证培训环节，目标就是达到个体的资格认证、升级，至于知识、通识素养、综合职业能力方面的要求则缺乏总体、长远的规划，导致教学行为与社会上一些短期培训班无异，特别注重训练内容的针对性，训练内容和过程无系统性、完整性可言，知识联系、素质培养则基本缺位。从培训结果看，由于缺乏系统化训练，缺少素质训导，学生“有证无能”。从教学效果看，由于学生缺乏学习意义感，导致学生扭曲学习观，学习效果不佳。高职不能沦为技能的培训场，仅仅满足学生当前求职、就业的某种需求，应顾及学生的长远发展，课程目标应重视知识、技术技能的完整性，以促进学生形成系统化的专业实践能力；应重视通识素养的培育，以促进学生成为“和谐的职业人”。这是职业发展、人的发展对整全知识的诉求，是课程实现教育目的的重要途径，也是课程职能的进一步释放。

（三）缺乏超越性

在实体性思维影响下，课程目标只关注“现在”，而对未来的职业发展和要求不太关注，这不符合当今科技发展与新的业态变化趋势，将导致学生今后适应性差。教育要面向未来，知识经济、信息经济的发展更是向教育提出了向未来学习的要求。随着知识、技术的飞速发展，职位结构、职业内涵不断发生变化，从业者需要具有相近职业、不同岗位间进行迁移、转换与提升的能力。所以高职人才培养不能只是被动地适应现实的社会需求，应超越当下，以取得“主动权”。因此，课程目标必须蕴含一种超越性的价值取向，不仅要求学生掌握现实职业岗位所需的技能、能力，还要求他们具有应对行业职业岗位调整、变迁的技能、能力，从而使他们在职业发展变革中具有较强的适应能力。超越性目标是对课程教学质量的发掘和提升。

（四）统一、静止、僵化

课程目标较少或没有及时关注学生的需要和社会的发展变化，缺乏选择性、创生性、发展适应性。其压制了学生的个性，阻碍了学生的学习发展空间，容易脱离社会实际，不利于个性化、创新性人才的培养，不利于学生适应社会发展需求。应改变传统的课程观以及人才观和质量观，课程目标要体现表现性目标、生长性目标、发展适应性目标的特征。具体来说，第一，要基于学生的个体差异构建个性化目标。其有利于学生的个性发展，使之获得充分的、最大化的发展。第二，要在学生的学习发展过程中创生目标。学习是一个动态发展的过程，在此过程中可创生符合学生发展特点和兴趣的新目标。这种生成性目标让学生获得自由的、创造性的发展。第三，要从经济社会发展实际出发构建适应职业新要求的目标。高职教育与经济社会发展联系紧密，课程目标必须紧跟经济社会发展变化，对于职业技能培训课程来说，要瞄准职业新要素、新要求，及时将职业岗位新的任职要求、能力要素纳入课程目标。其有利于学生适应社会发展需求，使之获得“有效发展”。

（五）表述模糊

课程目标表述模糊使课程内容设计、课程实施以及课程评价均“无所适从”，结果只能是或“简单对待”或“随性而为”，从而严重影响课程教学质量。究其原因，一是课程独立性不够，自然无独立而清晰的课程目标可言；二是与理论课相比，技能课教学目标更复杂、多元，而且与之密切相关的职业能力分析较为复杂。为此，要突出实践教学的地位，增强课程的独立性，形成相对独立的教学体系；要强化职业能力分析环节，厘清知识、技能、能力、素养各方面所要达到的目标，并加以高度概括。“与一般性和抽象化的教育目的相比，课程目标关注的是具体化的、可测量的成就性结果或行为变化。”只有当课程目标描述清晰，才能准确而明晰地归纳出所需知识点、技能点、素质点，从而为教师的教与学生的学指明方向。

总之，课程目标蕴涵了课程的价值取向，是课程开发的首要环节。职业技能培训课程要通过科学、合理和清晰的课程目标构建来有效引导教师的教与学生的学，保证课程教学质量。

二、课程内容

课程内容是达到课程教学目标的关键载体，选择什么内容以及以什么方式来组织这些内容是课程开发的核心问题。对于职业技能培训课程，课程内容的选择涉及面广而且复杂，怎么选择以及如何组织更是课程内容设计研究的主题。当前在课程内容选择与组织上存在的问题主要有：

（一）与课程目标脱节

主要表现在内容的“简化”，如课程目标有知识、技能、素质诉求，而教学内容往往是知识体现不够、素质训导缺位，导致课程目标难以实现。课程目标为课程内容的选择提供了基本方向，课程目标也必须从课程内容中得到体现并以此为载体得以实现，课程内容的选择要根据课程目标。对于职业技能培训课程，课程内容的组成要素包括专业知识、经验知识、素养知识，其中应以经验知识为主，即以操作知识、实践知识、工作过程知识为主，但知识论对高职实践课程也提出了一定的诉求与规定。从学生的学习发展需求来说，专业化的实践必须有专业理论知识的支撑，而且二者是互为促进的关系；从职业能力要求来说，学生不仅要掌握专门技能，还要掌握专业知识，通过学习，要解决“怎么做”“怎么做更好”的问题，还必须懂得“是什么”“为什么”的问题，以形成合理的知能结构。所以，课程内容选择不能只强调技能，还应将必要的专业知识选择、纳入。再者，职业能力有技能要求、有专业知识要求，还有素养要求，所以课程内容要纳入素养知识。

（二）与生产实际脱节

课程内容未贴近工作需要，导致学生职业化的实践能力得不到锻炼和培养。作为职业技能培训课程，教学内容必须强调职业性原则。为此，课程内容要与实际工作任务契合。可采用加工和引入相结合的办法，所谓加工，就是对岗位典型工作任务进行分析，归纳出所需知识、技能、素质，包括工作岗位所具备的关键特征和行为要求、标准，通过整合、提升，开发出符合工作任务逻辑、符合教育规律的学习内容。其中，要注意任务选择的典型性，要重视工作情境的营造，同时要及时体现新知识、新技术、新工艺、新设备、新标准，以保证教学内容的先进性。所谓引入，就是直接引入行业企业实际生产项目、任务，提高生产性实训的比重，让学生在真实的生产实践中锻炼操作技能、提高实践能力、培养职业素质。

（三）内容组织上的简单序化

内容组织不注意内在的逻辑规律以及职业成长规律与学生学习心理、学习规律要求，仅仅按照由易到难、由简单到复杂进行编排，不利于学生的学习发展和职业成长，不利于课程目标的实现。从某种意义上说，课程内容的组织比课程内容的选择更重要。不同知识类型的课程，课程内容有不同的组织方式，与理论课程相比，实践课程具有知识类型多元化、复杂化的特点，知识的选择、知识关系的处理自然就更为复杂了。课程内容组织有纵向组织原则和横向组织原则，职业技能培训课程内容的组织不仅应重视纵向组织，如从简单到复杂、从单一到综合的递进方式，还应重视横向组织，即与相关理论知识、职业知识以及其他课程、专业的联系。多种类型、多个方面的知识需要有机整合，应尊重技术逻辑与知识逻辑，遵循职业成长规律以及学生学习规律，绝不能简单叠加、拼凑，做成一个“大拼盘”。第一，职业技能培训课程在形式上体现为活动课程或经验课程，课程内容要按照实践逻辑、工作逻辑来组织。即采用工作内容与活动分析的方法，以工作任务为导向、以工作过程为参照系来组织和编排课程内容。其中，实践知识依照工作任务逻辑来组织，即遵循真实的工作步骤、工作过程、工作结果等要求，按照工作任务逻辑串联起来。将工作世界的方法、路线、技术指标、结果等作为知识组织的参照系，这样组织的技术知识既符合其内在逻辑，又符合工作世界的要求，同时还能激发学生的兴趣。相关理论知识须遵循实践需要并按照实践逻辑来组织，否则应由理论课程去完成。第二，要符合职业能力成长规律。作为职业技能培训课程，借助项目、任务来组织课程内容是常用的也是非常好的办法，其中，以任务为中心的课程内容组织模式适于基本技能、基本实践能力的培养，以项目为中心的课程内容组织模式适于综合性职业能力、职业素养的培养。按照职业能力成长规律，课程内容组织应由“任务中心”模式向“项目中心”模式递进。总的来说，要按照“技能—技术应用—综合—创新”的能力形成规律构建从基础性实训到应用性实训再到综合性实训与创新性训练的内容体系。第三，要遵从学生学习心理、学习规律。课程内容组织要从教育心理学的认知规律出发，做到难易程度适宜，能够满足由浅入深、由易到难的学习心理需要，使学生容易接受。可采用层次化、模块化、融合性的设计。

（四）缺少选择性，缺乏超越性

课程内容强调绝对和统一，缺少个性化的设计，同时倾向于让学生掌握纯经验性的技术技能，无法支持个性化目标和超越性目标的实现。提高课程内容的适应性应是课程开发建设的重要价值追求，高职学生个体差异较大，学习需求多种多样，需要个性化、多样化的教学内容与之相适应。为此，应根据学生个性、兴趣与需求的不同设计不同的、多样化的训练内容，包括可以让学生自己提出实训项目、自己设计训练内容。另外，教学内容设计不仅要使学生能与现实的职业资格所涉及的工作过程对话，还应超越“此时此地”，使之能与未来可能的工作过程对话。为此，要将学生未来可能就业岗位的工作任务与职业能力需求纳入课程内容。其中最重要的莫过于培养学生认识新事物、解决新问题的能力，应设计一些综合设计性的训练任务、开放探究性的学习项目。

（五）缺少系统、完整的训练

内容选取多为单一的、局部性的工作任务，而且特别注重所谓的针对性和典型性，使得训练内容和过程趋于碎片化。其不利于学生系统化专业实践能力、综合职业能力以及创新能力的形成，学生今后只能满足社会某种低层次的需求。高职人才培养重直接应用与实践，但与纯粹的操作工不同，他们要能够进行生产工艺、技术改造，要能够进行生产、技术管理，包括生产上下游环节的参与、协调工作。碎片化的训练只能让学生掌握一个一个的知识点、技能点，却难以在学生头脑中形成完整的知识与技术体系，更不可能对知识、技术加以创新发展。所以，训练内容最终必须体现系统化的工作过程。为此，教学内容总体设计必须由单一、局部工作任务进阶到完整工作任务，其中可以与职业实践结合起来。“系统化、完整性的训练对于学生领会专业知识理念，发掘自身创新能力，提升综合素质与技能水平，具有十分重要的意义。”CDIO 工程教育的核心理念也就是“将工程的完整实施过程融入专业与课程教学之中。”

总之，课程内容的选择及组织是课程开发的关键环节，如何选择课程内容和组织课程内容是课程建设中必须处理好的问题。职业技能培训课程要通过科学、合理地选择和组织课程内容来有效促进学生的学习发展、职业能力发展。

三、教学模式和方法

课程实施的关键是选取合适的教学模式和方法。当前，课程实施中主要存在以下一些问题：

（一）教学模式和方法单一、刻板而僵化

此种教学不利于多种教学问题的解决，学生的创造性得不到合理的引导和激发，而且教学单调、沉闷，学生缺乏兴趣。第一，操作知识、技术实践知识需要通过学习者个体的感知、体验才能获得，是内化性的知识，而每个人的感知和体验、内化的路径、方式方法各不相同，教学需充分照顾个性，不可按照某种统一的体例进行。任何单一的教学模式和方法都不可能对任何人、任何学习问题都是合适和有效的，教学方式的多样化实际上就是教学问题的多元解决方式。实践课程知识类型多元、问题情境复杂多样，更需要多样化的教学方式与之相适应。教学中，要根据不同内容、不同对象实施个性化与多样化的教学。第二，教学是一个动态的、不断变化发展的过程，其中充满了不确定性和不可预测性，不可按照固定的程序、步骤以及方法来进行。特别是实践课程教学，环境复杂，学生学习的行为和结果往往难以预测和控制，必须改变那种制度化、程式化、机械式的教学，实施过程取向的教学、实施创造性的教学。相对于理论课程，实践课程教学有着更大的创造空间。实践证明，过程取向的教学提高了教学活动的实践理性和解放理性，体现了课程教学的创新性价值，大大提高了课程教学质量；而多样化的教学，如教学做一体、学练一体、个性化指导、交互式学习、

探究性实践以及视频教学、仿真技术等现代教学手段均受到学生欢迎，收到了很好的效果。

（二）理实联系不够紧密

教学中只顾学生学习工艺知识、掌握操作技能，而不太重视与专业理论知识的联系。这种教学方式不利于学生真正理解、掌握专业知识，不利于学生形成专业化的实践能力，同时令知识的应用价值得不到体现，学生非常反感，学习兴趣低，教学效果不佳。理论与实践是相互支撑、互为促进的关系，理实联系不够紧密以至理实分离使教学不能很好地形成合力，从而使整体教学效果大大降低。职业技能培训课程教学要实行理实一体的教学设计，通过“实践—理论—实践”或“理论—实践—理论”的方式，使理论与实践二者有机融合、相互渗透。教学中，教师不仅要能根据实践环节需要合理引入相关理论知识，还要善于以实践去倒逼学生联系理论知识，学习、建构理论知识，这是一种非常好的教学方式。实践证明，理实一体的教学有利于学生获得认知与实践两方面的发展，有助于其专业化实践能力的形成，而从课程来说则形成了从孤立到整体联系的开放式课程结构。

（三）职业情境缺失

学校化教学的教学情境与职业情境相差极大，由于学生的学习缺乏工作色彩、缺少工作的真实性，难以有效培养职业素养。操作知识、技术实践知识、职业素养知识的存在形式不是符号化的，而是情境化的，其必须依附于具体的工作活动情境。为此，职业技能培训必须创建职业化的教学模式。所谓职业化的教学模式，就是以真实的工作过程为基础、依照生产活动的情境性规律来组织和开展教学活动。具体实施时，要突出“任务中心”和“情境中心”，即教学组织要以任务为中心，教学过程要充分考虑和渗透职业工作的现场情境和步骤。为取得更好的效果，还可通过提高生产性实训的比重、课程外移到企业现场进行的方式。教学实践证明，职业化的教学模式使教学活动具有职场特征、使学生的学习具有真实的工作意义，能有效促进学生对职业的认知、职业素质的培养，而且大大提高了学生学习的动机和兴趣，教学效果极佳。

（四）现代教学手段运用不够

传统教学媒介难以较好地呈现工艺性、操作性的知识，同时随着多媒体和网络技术的发展，学生的学习方式已发生了重大改变，而信息经济的兴起也对技术技能人才的培养提出了新要求，传统教学手段已不能适应新形势、新要求了。多媒体表征知识的多样性提高了知识的可视化程度以及表达的精准度，它能更清晰、更方便地呈现知识内容，包括演示操作过程，分解复杂动作，反复强化重要步骤，从而使学生能清楚、明白地观察、学习，并能满足个别化学习需求。随着信息处理能力的不断提高并日趋智能化、人性化，现代多媒体还能为学生提供复杂而逼真的学习环境，其对技能型知识的学习有着明显的优势。而互联网资源的丰富性以及便捷性则为学生自主化和个性化的学习提供了便利条件，现今学生们已习惯于在网络上获取知识和信息、在网络上进行交流互动。教学设计、教学实施离不开媒体的支撑，如何利用媒体优势实现最优化的教学已成为今天教学设计、教学实施最关注的话题之一。现代多媒体和网络技术在实践类课程教学中正发挥着越来越重要的作用，教学中，要积极引入信息化教学平台和教学模式，诸如多媒体教学演示系统、模拟训练与考核系统、数字化课程、慕课、翻转课堂、混合教学以及基于网络和云的远程教学包括教学与生产实时互动的远程教学等,使教学内容构架、教学方式改革向信息化方向融合。教学实践表明，现代教学手段大大提高了职业技能培训的效能，同时促进了智慧学习，提高了学生的信息化水平和能力。

总之,课程实施是实现课程目标的核心环节,职业技能培训课程要通过教学模式与方法的改革、创新不断提高课程教学效果、教学质量。

四、课程实施条件

课程实施条件是课程内容得以有效实施、教学活动得以顺利开展的保障。当前在实施条件建设上存在的问题主要有：

（一）师资建设方面

最突出的问题是缺少真正的双师型教师。校内教师实践工作经验薄弱，难以满足学生职业技能培养的实际要求。为此,一方面要让教师下企业参加实践锻炼,使之在实践经验、职业素养方面得到提高；另一方面，要引进有企业工作经历、学历层次较高的工程技术人员。同时，教师具有教学经验而缺乏企业工作经验还可以通过聘请企业人员担任兼职教师来得以弥补，企业人员具有丰富的生产实践经验，他们能根据自己的工作经历、切身体会给学生提供针对性的指导，包括职业文化的引入，应建立一支稳定的兼职教师队伍。

（二）实训基地建设方面

最突出的问题是设备落后，工业文化建设欠缺，严重影响了技能培训效果，影响了学生职业素养的培育。第一,学生所获得的技术技能必须与生产实际吻合,实训设备建设必须符合当前企业生产实际。应加大资金投入力度,及时进行更新改造,另外可以采取校企合作共建实训室、校中厂与厂中校建设等办法。第二,实践知识、职业素养知识多是社会性的,环境对于学生的学习有着潜移默化的影响,课程实施场所的文化构建必须充分,并贴合生产实际。应通过企业生产现场环境仿真、移植以及课程外移等办法使工业文化进课堂。

（三）教材与资料体系建设方面

教材方面,规划教材、统编教材以至题库式教材多,自编教材少,传统教材多,新形态教材少,导致针对性和实用性不强;辅助资料方面,不够完备,不能充分满足教师教学、学生学习的需要。为此,要根据教学内容和要求以及实训室建设条件自己编写教材、指导书;要结合课程目标、课程特点和教学实际需要编制课程标准、课程指南、课程计划、课程教案以及实训手册、指导纲要、实训报告、习题与试题库,引入技术与工艺标准、职业资格标准、技能鉴定标准等。其中,要重视数字化建设工作,包括电子教案、电子课件、电子教材、课程录像、网络学习资源等。

总之,课程实施需要相应的环境条件支持,职业技能培训课程要不断优化师资建设、实训室建设、教学资料建设,以充分满足课程教学的需要。

实践课程建设是高职凸显学校特色、谋求学校特色发展的一个重要抓手。职业技能培训课程要按照职业技能、职业实践能力成长规律和要求以及学生个体与社会发展需要来确定教学目标、选取和组织教学内容、选择教学模式与方法、进行相应的环境条件建设。在新形势下,要不断转变思想、观念,创新课程实践,以保证课程教学质量。

第二节　职业培训教学管理改革

为了深化职业培训教学改革,提高职业培训院校整体的教学质量以及办学效益,并以此促进职业培训相关院校更加适应我国社会主义现代化建设的需要,各种教学管理新思维被逐渐提出。随着职业培训教学管理新模式的不断迭代,“学科本位”教育理念已经逐渐被“能力本位”的教育新模式替代。

一、“能力本位”教学模式的现实意义

现代社会中很多人都在提倡“能力本位”的教学模式,那么什么是“能力本位”教学模式呢?简单来说,课程形态主要传授的是一种职业所需的技能、知识时,这种教

学模式就是“能力本位”的教学模式。对于在我国社会中推行“能力本位”的教学模式，其主要原因就是现代社会生产技术飞速发展的需要。由于现代社会中生产技术的飞速发展，社会中增加了许多需要技术含量的工作岗位，这也就使各个公司对于员工专业知识的掌握有了更高的要求。一个求职者要想得到更好的工作，最需要做的就是提高自身的职业能力。

国家要想真正实施“能力本位”教学模式，在进行“能力本位”教育培训的过程中一定要让公司产业介入其中，同时还要使“能力本位”教育模式的教学内容符合社会生产的要求，只有这样“能力本位”教学新模式才能真正建立起来。

对于“能力本位”的教学模式，其重要性还包括可以使职业教育与职业培训之间的交流沟通更进一步发展。通过各种正式或非正式的教育培训使培训者的职业能力进一步提高，在日后的岗位竞争中有明显的优势，同时我们不仅在职业培训中可以使用“能力本位”教育新模式，在职业教育之中，“能力本位”的教育模式也同样适用。

我国教育产业传统的“学科本位”教学模式虽然可以促使学生为了学位不断学习知识，但更多的应该使之加深对书面知识的了解。这种教育模式在实际操作的过程中并没有让学生取得多大的进步反而缺乏实践性。而“能力本位”的教学模式则改变了这种弊端，使学生在学习知识的过程中获得更多的能力，让学生在追求理论知识的过程中，还得到了实践能力的提升。

二、对于我国职业培训教学管理改革的建议

（一）构建“能力本位”的职教课程

在职业培训教学管理改革的过程之中，构建“能力本位”的职教课程是十分重要的。并且构建的“能力本位”课程一定要具有相应的丰富性以及多样性，同时课程的设置还要根据我国的国情，只有这样通过“能力本位”教学模式培养出来的人才才是真正适应社会发展的人才。职业培训教学管理的改革方向一定要以培养学生综合职业能力为导向。教育机构在安排课程的过程中一定不能忽视社会的经济发展需要，要使“能力本位”的课程，有明确的能力标准。只有做到这些，构建“能力本位”的职业培训课程才能真正达到目的。

（二）健全实施“能力本位”模式所需的机制

健全实施“能力本位”新模式所需要的保障机制在职业培训教学管理改革过程中有着重要的意义。如果没有这些保障条件，那么在建立“能力本位”的职教课程时会出现很多问题，而这些保障条件可以分为内部条件以及外部条件。所谓内部条件

就是要求教师以及学生对“能力本位”的新模式下的课程都要有深入理解，同时完善教学制度管理；而外部条件则是要求得到国家以及社会的认可，如此才能保障签发资格证书有作用。

（三）强化普适性能力的教学内容

普适性的职业能力，指的是员工拥有的一技之长可以在同一个领域内发挥出来。所以，即使员工在一个岗位上下岗了，也不至于到没有其他工作可以选择的境地。因此，为了满足我国人才市场的需求，需要大量引进“一专多能”型的人才。在职业培训学校的日常课程中，应该增加关于职业普适性的教学课堂内容。普适性的教学内容主要体现在，劳动者对自己职业岗位的适应能力、转换职业时的适应能力等。职业学校教学的目的主要是为了让学生在某一个岗位上得到较高的职业技能，这也与国家的政策相关，因为国家的职业资格证是以某一岗位上的职业能力来决定的。因此，学校可以在正常开展普通课程的同时，开设其他的课程，给学生提供一个学习多门技术的平台，得到更多更优质的教育，如此便可以很好地让学生接受不一样的高等教育。

（四）采用灵活的选课制和学分制

首先，制定有关于学分的相关制度，可以在一定程度上帮助学生规划自己的学习生涯。其次，不同的选课制度，也能帮助学生选择更适合自己的就业方向，进一步帮助学生更好地选择就业方向或者升学方向。在学分制度方面，不仅可以通过完成课程给予一定的学分，促进学生学习更多的课程，还能给予学生一定的评价。也就是说，学生在某一块领域获得了一定的评价之后，相应的也可以获得一定的学分。学分达到一定数量时，学生可以获得荣誉证书或者等级证书，而且获得的学分，在不同的专业领域是可以相互叠加的。这样的学分制度，可以帮助学生更好地学习，也更能激起他们对于学习的兴趣和欲望，学习不同领域的知识后，他们日后的就业方向变得比较宽泛灵活。在选课制度方面，除了必修的课程，学校应该给予学生尽可能多的不同行业领域的选修课程，供学生自由选择上课。多课程可以帮助学生以最快捷的方式找寻到最适合自己的专业。

（五）加强中职课程与高职课程的衔接

随着教育行业的不断进步，越来越多的人更容易接触到高等教育，得到进一步的深造。而对于中职学生来说，升入高职学校继续深造他们的专业知识是极为重要的。所以，近年来，我国政府出台了各种政策，鼓励各种形式的高职教育，促进了很多高职创办高等教育。但是，众多职业培训院校的出现，必然有着疏漏，所以，国家需要保证开办高职教育的质量，这是为了中、高职学生的未来发展做考虑。国家需要建立一个相关的完善体系，将中职的课程内容与高职内容相结合，这样有利于中职学生迅速融入高职教育中去，然后进行自己的学习。

（六）促进高职教育课程与普通教育课程、职业培训课程的融合

在未来的时代中，社会市场需要更多“一专多能”型的人才。同时，时代的发展也体现着高职教育、职业教育与普通教育三者之间的局限性。所以，要尽力将三者的学习制度与学习内容结合在一起，给予学生最优质的学习环境。在职业培训教学的过程中，应当将普通教育与高职教育的内容也适当地加入课堂教学之中，只有将这三种课程融合，学生才能真正学习到需要的知识。

在职业培训教学过程中，目前存在着许多不足的地方，只有不断地发现教育中的问题，并正确地改善，大胆地打破常规，才能寻找到最有效的方式，让接受职业培训的学生在未来工作时能够拥有“一能多职”的能力。总之，我们必须改变当前“以学校理论主导”的线性系统的学习模式，逐渐形成“学校实践”主导的、环形系统的学习模式和校企合作主导的、协同系统的学习模式。

第三节 教师培训的教学组织与管理

近几年，我校顺应职业教育和教师专业化发展的需要，改革人才培养模式，强化实习教学环节，在本科职业教育师资培养中实施了“双岗实习、置换培训”的实习新模式。这不仅突显了高等职业技术师范教育的办学特色，也充分发挥了我校“全国职教师资重点建设基地”和“全国高职高专教育师资培训基地”的功能。为了更好地配合师资培养“双岗实习、置换培训”工作，我们根据置换教师的实际需要，对培训工作进行了系统的方案设计，不断改革培训内容、培训方式、培训手段，取得了良好效果。

一、充分调查，了解职业学校教师需求

调查显示，职业学校的专业课教师主要来源有三种情况：一是普通师范毕业生；二是高等职业技术师范学院毕业生；三是一般专业院校的毕业生。在教师的这三种来源中，普通师范毕业的教师不少改为了专业课教师，但专业基本理论一般不很完善，只是对所教的专业课熟悉，对整个专业的基本理论的掌握还很欠缺，职业教育的基本理论和专业实践能力也较为薄弱，而且这类教师还占有相当大的比例；高等职

业技术师范学院毕业的教师主要都在专业课的教学中，由于常年在基层学校工作，对专业理论的发展和新技术、新工艺的使用以及新的职业教育基本理论掌握比较薄弱；一般专业院校毕业的教师主要是对职业技术教育的基本理论和对专业理论的发展和新技术、新工艺的使用比较薄弱。调查还发现，职业学校的教师工作任务大，学习进修的机会很少，地方培训也主要集中在教学技巧和讲课艺术等方面。通过调查，明确了职业学校教师的培训重点和主要需求，为制定科学合理的培训方案打下了良好的基础。

二、科学制定培训方案

根据对教师需求的调查，我们按照提高职业学校教师的教学能力、教研能力和专业实践能力三个方面为主体进行了培训方案的制定。在教学能力中，我们按照充实和提高专业理论基础为目标，以对任课专业理论提高为重点，以相关基础理论为辅助，加上运用现代教学技术进行教学内容的组织。在教研能力中，我们以提高职业学校教师的职业教育基本理论为基础，以课程开发技术为重点，以提高教育教学规律探索能力和论文写作为目标进行教学内容组织。在专业实践能力中，以专业操作技能培养为基础，以专项生产技术实践为重点，以提高技术开发与技术服务能力为目标进行教学内容的组织，最终形成职业学校教师的培训方案。

三、认真组织培训，采取多样化教学方式，满足不同教师的需要

在培训组织过程中采取集中与分散的管理方式组织实施。对于共同的部分进行集中培训，如职业教育基本理论，我们开设了《职业教育教学研究》《现代企业制度及运行模式》《职业教育专业教学法》《国外职业教育发展趋势及启示》《职业教育政策法规》等课程，组织校内外教育教学专家、教授进行讲解。使学员了解国外职业教育发展的原因、中国职业教育与国外职业教育的区别所在及现代企业制度和用工状况；掌握最新的职业教育专业教学法；明确当今职业教育政策和法规。

专业理论和专业技能训练环节的培训由承担教学任务的院系主要负责，他们根据相关要求对培训内容和形式、师资和实验设备等方面的问题进行了认真研究和讨论，制定了周密严谨的专业教学培训方案。并在学员中进行详细的调查和访谈，根据学员的专业基础和需求状况，有针对性地研究、设计、调整、安排培训内容。如数控专业实训中针对学员不同的专业技术水平采取分组训练法，由技能好的学员带动技能较差的学员共同研讨和学习。数控车、数控铣、加工中心及编程仿真同时进行，在导师带动下学员之间密切合作，互帮互学，共同研修提高。园林学院组织教师认真研

究教学方法，一改通常的“课堂 + 实训”的简单教学模式，采用了“讲授 + 观摩 + 示范 + 操作”同步交叉进行的立体教学模式，同时把专业理论和技能体系分解成不同的专业模块，使理论和技能有机结合，课堂灵活化、多样化，增强了专业实用性，收到了较好的教学效果。计算机及应用专业在专业理论和专业技能训练环节的培训过程中，针对学员不同情况，实施分层次教学方法，组织学员间的讨论，采取了独有的导师制，实施分组教学，单独培训，取得了良好的效果。工艺美术专业在教学过程中形成了一个“教与学”的互动平台，并采用“头脑风暴法”，实施讨论式教学，使整个教学活动在热烈轻松的氛围中进行。市场营销专业针对专业基础差的甚至没有营销专业基础的学员，实施了两步教学法。第一增设了“洗脑”培训内容，让学员通过培训，真正树立现代营销理念，并且能够利用全新的观念和营销理论及方法去思维和处理自己工作中所遇到的问题；第二增设了“感性”培训内容，请业务员、区域经理介绍自己的工作，让这些学员们从感性上认识市场营销工作和市场营销专业。

四、采用四步教学，加强企业实践

根据培训方案，在组织企业实践过程中，采取了分阶段进行的模式，即：专家理论讲授—现场观摩考察—实际岗位操作—课程开发研讨，四步培训教学法。比如数控技术应用专业，第一步，我们先请新乡市大型机床厂董事长针对企业制度、运作模式等方面进行专题讲座，让学员对企业有初步了解；第二步，在我国著名重工业基地洛阳进行企业观摩考察，先后参观考察了中国一拖集团有限公司、洛阳 LYC 轴承有限公司、中信重型机械公司、河柴集团柴油机厂等企业；第三步，在河南省新乡宏达数控机械有限公司进行了跟班顶岗生产实习，通过这次跟班顶岗生产实习，使学员们了解到企业用工制度及对职工的要求，从而有利于以后的教学改革；第四步结合企业实践，举办以“沟通交流学习提高”为主题的学员论坛，就“加强以就业为导向的职业教育教学改革，对国家级骨干教师在职业素质和能力上的要求”“通过对专业教学理论和教学法的学习，对专业教学法及专业课程开发技术应用上的新思路”“结合企业需求，认为专业理论教学和技能训练过程中需要增加的关键环节和内容”“如何培养出真正符合社会需要的中等职业教育合格人才”和“通过对国家级培训目标的理解，作为一名合格国家级骨干教师肩负的职责与使命”等主题进行讨论和交流。通过企业实践和论坛交流，职业学校教师对职业教育的课程和教学组织有了新的认识。如机电专业，职业学校教师通过企业实践认为对于中等职业学校数控专业学生来说，主要是在一线生产岗位，要能够根据图纸要求，熟练操作数控机床，加工出合格的产品来。因此，学生首先要能够看懂技术图纸，根据图纸了解所加工的零件结构及技术要求。在以后的教学中要加强学生识图能力的培训，适当加大课时量；其次要加强制造工艺这门课程的教学。使学生了解零件加工工艺过程，从而按照合理工艺加工；在企业实践活动中学员们还发现，工人们在生产中普遍使用宏程序编制加工程序，而在目前的中等职业学校甚至大学中都很少讲授这方面的知识，感到以后要加强加工程序编制的实用性教学，让学生熟练掌握宏程序的编制方法，以提高零件加工效率。经过基地培训学习和企业观摩及岗位实践，通过大家对以就业为导向的职业教育教学观、对职业教育课程改革的方向等内容的研究探讨，职业学校教师认识问题的角度变了，站到了职业教育改革发展的前沿，站到如何培养国家经济建设和社会需求的人才及企业真正需要的合格员工的高度，认识更全面、更深刻了，这对于职业学校今后教育教学改革奠定了基础。

职业学校教师通过我校学生置换培训，在教学能力、教研能力和专业实践能力三个方面都有不同程度的提高，通过培训、企业实践和相互之间的交流使职业学校教师对职业教育有了新的认识，改变了传统教学观念，为今后的成长奠定了基础，校校合作取得双赢。

第四节　职业中学教学中职业能力的培养

职业中学对我国人才培养有着非常重要的作用，为国家输出了大量的技术人才，促进了我国的经济发展和社会进步。

一、加强理论学习，以理论学习带动和指导实践能力的培养

扎实的技术需要深厚的理论知识作为实践的基础和指导方针。由于近年来，我国中学学习成绩好的学生往往选择优秀中学，进而考取大学作为目标；进入职业中学的学生往往学习成绩不太理想，在平常学习中基础知识较差，学习意愿不强，对于理论学习比较反感。这些原因导致职业中学的学生在平时理论学习时一般效率较差，学到的重要理论知识较少，在实训时也仅仅是凭自己的动手能力进行摸索学习，并没有足够的理论知识做支撑。因此，为了提高专业学习实训效果，有必要加强学生的专业能力基础理论学习。主要应做好以下几点：平时教师在进行理论教学时，要抓住重点，切不可泛泛而谈导致学生抓不住学习的重点，且要对重点知识多次反复讲解，直到大部分学生掌握为止；教师在课堂教学时，要生动形象，举例子增加学生学习的兴趣，教学速度不能过快，要考虑到这些职业中学学生的特殊性；教师要引导

学生重视基础理论知识的学习，使学生认识到基础理论学习对于增强实践能力的重要性；在实训前，还应该给学生就需要实训的技能进行理论讲解。

二、要选择合适的教学基地，制定好完整和切合实际的教学内容

以先进的教学设备、高超的教学技能、良好的教学基地为基础给予学生最好的实训，培养学生的职业技术能力。目前，很多高职学校并没有专门的实训基地，学校在安排学生实训时，往往选择一些合作企业作为学生的实训基地。这种选择实训基地的方式虽然有一些好处，如学生实训技能更接近实际，更早了解社会上对相关技能的需求，更能够让学生在学校毕业后适应社会；但也存在一些不足，企业在给学生提供实训基地时，鉴于企业的盈利目的，往往在培训学生时并不能让学生主动去学习实践，担心学生犯错损坏机器、浪费材料等，这直接导致学生的实训机会大大减少。因此，给予学生合适的教学基地，是保证学习实训效果的根本。

实训教学内容也是学生实训效果好坏的重要因素，不切实际的教学内容不仅不能让学生掌握基本技能，还会降低学生学习的积极性。学校在设计专业实训内容时，要遵循从易到难的顺序，让学生慢慢掌握相关操作技能；同时，由于教师带头给学生的实训时间是有限的，因此教师在设计实训内容时要选择有代表性的技能进行培训学习，做到以点带面。

三、要加强学生职业道德操守的培养，让学生知道职业道德的重要性

我国经济社会发展迅速，但是职业道德反而出现了走下坡路的迹象，一些专业技术能力强、业务素质高的高技能人才只顾经济效益，凡事往“钱”看，在保证自己经济效益的情况下，损害别人的利益，不顾消费者的基本权益。这些现象告诉我们，职业中学专业实训时应该把职业道德建设作为重要内容来抓。而且良好的职业道德可以促进业务能力的培养，可以加强从业者之间的学习与交流。

四、要以增强学生动手能力为出发点进行专业职业能力培养

专业属性就是要求从业人员能够有较高的技能，需要学生有很强的动手能力。为了让学生在毕业后更快地适应社会，适应企业的要求，学校在对学生进行实训时，要让每个学生都能够得到较多的锻炼。同时，鉴于学校组织学生实训的时间有限，而学生动手能力的培养不是一朝一夕就能够培养好的，因此，学校可以帮助学生在课余时间联系企业，让学生在实训的企业获得更多的锻炼机会。学生也可以自己联络

实训企业,学校应该加以鼓励,但要给学生把好关,注意学生的安全。

总之,我国职业中学专业实训教学中职业能力的培养是多方面的,学校、学生和社会都应该积极参与进来。学校给学生选择合适的教学基地,制定好完整和切合实际的教学内容,以先进的教学设备、高超的教学技能、良好的教学基地给予学生最好的实训,并重视学生职业道德能力的建设;学生要在思想上、态度上重视职业能力建设,要重视基础理论学习,以扎实的基础理论帮助学生职业能力的培养;社会上的企业要勇于接纳学生到企业去实训,并切切实实地帮助学生实训。

第十章 职业院校的培训教学评价与质量控制

第一节　课程教学评价体系的研究——以职业培训学校为例

一、课堂教学评价体系的内容及意义

课堂教学评价体系与课程教学质量相关，是衡量教师教学质量的一项重要标准。通过课堂教学评价体系，对教师的教学表现做出准确的评估和判断，是课堂教学评价体系的主要作用，它是研究课堂教学质量的一条重要途径。其中可以分为教学团队评价、专业小组评价、教务处评价和学生评价。它可以调动教师工作热情，激发其改进课堂教学质量的积极性，有助于整体提高学校教学质量水平。

二、职业学校的教学特点及课程教学评价体系存在的主要问题

职业培训学校是许多初中应届毕业生进行培训深造的途径，他们当中比例较大的一部分人文化基础较差，自信心缺乏。

（一）以学生为主体的课堂教学评价体系在职业培训学校教学评估中的弊端

职业培训学校的学生年龄层多半分布在 15 ~ 18 岁之间，他们还没有完全形成良好的价值观、人生观和世界观。学生往往不注重拓宽专业知识的深度与广度。如果依赖学生评价来判定教师教学质量，学生和教师作为利益相关者，教师必须考虑学生的评价体系，很可能在课堂教学上偏向学生的教学需求，使考试题目也倾向于易做，就会使得整体教学水平下滑。

（二）教学团队和专业小组评价模式在现今评价体系中的不足

职业培训学校教育是以培养学生职业技能为主，注重实践。在一定程度上实践课所占比重较大，这给教学团队的评估模式带来一定的难度。譬如，有些专业完全以实践课为主，作为教学团队的专业负责人没有跟踪学生实践学习的条件和可能，就

无法对教师教学进行准确的评估判断。对于专业小组来说，在评价那些以实践操作课为主的课程中也面临着同样的问题。

（三）教务处评价模式在职校课堂教学评价体系中的疏漏

教务处评价是指学校教务处对任课教师实施各教学内容的情况作不定期检查并作评价。由于有的职业培训学校存在“一专一师”的现象，即一个技能专业只有一位到两位老师，如此就造成了对某门课程进行评价时，教务处的评价小组中没有也从事这门课程教学的相关人员能够给出相应的中肯建议并对教授该课程的教师提出改进意见。这也是如今的课程评价体系在职业学校中的疏漏之一。

三、科学改进完善职业学校课堂教学评价机制的途径

为了符合职业学校教学规律,应当以职校教育现状为依据,全面反映它的教学需求。

（一）培养新的学生观

学生与教师间是平等民主的。教师不是依附于学生评价而存在的,同样,学生作为教学活动的主体,在学习过程中应当合理地被给予表现、创造和成功的机会。教师也不应当因为课堂教学评价体系的束缚，惧怕“得罪”学生而放任他们不合理的学习要求。这就需要职校适时改变之前以学生为主体的课堂教学评价体系，促进师生关系的健康发展。在这样的前提下,教师可以毫无顾忌地认真专注地教授知识,学生也能够吸纳以往学不进去的必需知识,为将来成为实用型人才打下良好的基础。

（二）建立新的教学观

教师在专业课的讲授上,应努力培养学生积极参与其中的主动性,激发他们的课堂兴趣和学习潜能。职业教育要更注重对学生实践能力的培养。教师在教育学生的过程中，以实践课程带动理论课程也不失为一种行之有效的好方法。随着职校教育的课程设计形式更加多样化、个性化和综合化，课程教学评价体系也应当建立配套的机制。

（三）构建新的教学质量观

在职业培训学校的教学中，构建新的教学质量观尤为重要。职校课堂教学评价体系应改变以往的固有思维，把教学质量视为知识结构、创新精神和实践能力的统一。教学团队、专业小组及教务处应以此为基准,建立一套高效的针对性强的职校教学质量的评价体系：不过分看重教师的“教”，而将学生的“学”同样纳入课堂教学评价体系之中，使学生学习和实践的能力也成为反映教师教学水平的重要参数之一。

如这些评价团队在评价过程中，改变以往只是对教师课堂讲授内容的单一评价方式，而对学生在教师的教育之下所形成的学习能力、实践动手能力等同样做出准确有效的评价，并将其列入教师的教学质量评估成绩中来。

第二节　质量控制体系在职业技能培训中的构建

全面提高劳动者职业技能水平，加快技能人才队伍建设，需要大力开展各种形式的职业培训。改革开放以来，我国职业培训工作取得了显著成效，职业培训体系初步建立，政策措施逐步完善，培训规模不断扩大，劳动者职业素质和就业能力得到不断提高，对促进就业和经济社会发展发挥了重要作用。

职业技能培训是一项系统性的工作，工作环节复杂，包括职业技能培训需求确认、招生宣传、制定培训课程体系、培训实施、教学过程管理各个环节，最后参加培训的学员参加职业技能鉴定考试取得证书。为了切实保证学员在参加职业技能培训之后职业素质和就业能力能得到提高，学员能扎实地掌握一门专业技能，应当在职业技能培训整个过程当中构建起智联管理体系和管理办法。

一、构建质量控制体系以保证培训质量

TQM（Tatal Quality Management）是质量管理发展的新阶段，其特点是“三全一多”，即全员、全过程、全企业和多方法的质量管理。与传统质量管理相比，TQM所强调的核心理念是质量第一、顾客导向、系统管理、过程控制、团队工作、预防为主和不断改进。

国际标准化组织ISO（International Organization for Standardization）早在1987年就制定出了全世界第一套关于质量管理的国际标准。这套标准正是基于TQM构建而来。任何国家，无论其大小，该国的产品与质量如果达不到这一标准，就难以在国际竞争中立足。此后，世界各国、各行业都纷纷采用《ISO9001：2000》国际标准申请认证。可见对于企业来说，构建起质量管理体系，符合国际标准是该企业在竞争中生存的重要基石。对于第三产业的教育、培训行业来说，培训是产业，服务就是产品，服务（教学）质量就是产品质量。

那么，如果参照ISO9001国际质量管理系统、全面质量管理TQM构建起教育、培训自己的质量管理体系，将会是教学和培训质量的保证。职业技能培训作为以掌握专业技术为目的的培训，最主要是培训教师向学院传授相关的专业理论知识和技

能知识，在这一过程当中，教师的教学能力、教材的版本和内容、教学设备、教学方法，学生的专业、素质、学习能力等都影响到教学质量，那么在职业培训中必须构建一套以保证培训质量为核心的质量控制体系。

二、对于构建质量控制体系的设想

科学、全面、完备的教学质量监控体系是促进教育教学各要素不断优化，保障、提高教育教学质量的保证，同时也可对教学过程进行全面监控，适时解决出现的新情况和新问题，保证教学目标实现。

与其他组织的质量管理一样，职业培训的质量管理也要坚持“以人为本”，管理工作最终也要落实到人。

（一）培训开始前的环节

为了提升培训宣传的效率和效果，在制订培训计划之前应该研究上一年培训成果，分析培训效果。把学员作为培训的主体地位，针对学员本身所学的专业和从事的工作制订出培训宣传计划。

培训课程设计应符合学员的需求和鉴定的要求，体现不同级别的培训目标。教材的选用要合理，要跟得上时代的变化和要求。教学方法要灵活，可采用视频、音频等多媒体教学。课程设置要优化理论教学和实践技能教学的比重。根据各工种、各级别特点，在培训开展前，每个工种承担教学的教师应当集中讨论，形成各工种培训教学计划、教学大纲和教学进度表。

（二）培训过程的质量监控

教学过程是职业技能培训的核心。培训课程必须对培训目标进行科学的规划，针对培训要求、教学计划作出课时安排。整个学习过程实行理论和实践交叉式学习，学生在学习理论知识以后紧接着可以把学到的理论知识运用到实际操作当中。纵向上看，教学内容分为初级、中级、高级；横向上看，教学内容包括该职业技能的各个组成部分。我们可以将纵向和横向结合起来，把教学内容细分为数个模块。每个模块又分为理论部分和实操部分。在完成每个教学模块的学习后都应配有相应的理论和实操测验，使学员更好地掌握自己的情况，看清自己的薄弱环节，并据此加强该环节的训练。

（三）教师队伍的质量控制

职业技能培训需要一批具有不同知识背景和技术专长的人员合作完成。提高职业培训教师队伍组织，主要可以通过考评和在职培训。考评可以使教师尽快发现自身的缺陷,考评的方式包括成立教学督导组,对教学技能进行考评,学生职业技能鉴定考试的通过率,还有学生评教。在职培训则包括两个方面,即教学技能和专业技能。

(四)形成培训管理规章制度

TQM 的基本原理是对生产全过程的控制,而全过程的质量活动都是通过不同岗位的责任者来实现和完成的。职业技能培训的质量涉及到每一位教职工,包括教学管理人员、技术人员、学生服务人员等。在培训过程中每个人都有自己特定的工作职责和任务。只有明确各部门、各岗位的不同职能责任,才能做到工作有标准,工作质量才能得到保证。每个岗位应当形成岗位责任制度,以明确每个岗位的工作范围、工作职责。

(五)形成培训工作流程

职业技能培训包括多个环节,每个环节的工作细化之后,可以形成整个培训工作流程,各个流程责任到个人。应做好环节之间的工作衔接和痕迹管理。一般的职业培训都可分为招生宣传、制定培训方案、培训实施、效果评价几个环节。职业培训站必须建立和完善各环节的信息收集、处理和反馈系统,实施好痕迹管理、档案管理,做到每一个环节都能在节点上进行质量控制。

(六)培训效果监测

培训结束后,学员参加职业技能鉴定考试,这是检测培训成果的重要途径。除此之外,用人单位反馈、学员自评、职业技能大赛都是评价培训效果的常用手段。

(七)职业技能培训的外部质量控制

由于存在利益和成本因素,职业培训的某些不规范的行为很难以通过内部质量控制系统来消除。那么,外部的质量监控更能从宏观的角度反映职业培训的状态。外部质量控制主要来自政府机构的行政管理和社会的评价监督两个方面。政府机构包括教育、人力资源、就业等机构。每年这些上级机构对职业培训站的年审就起到很好的质量监控作用。

对职业技能培训质量保障进行了全面的质量设计与控制,构建职业技能培训质量控制体系。通过对培训准备期、培训过程、教师队伍、规章制度、工作流程、培训效果等的监控,对职业技能培训的质量进行规范化管理,形成提高培训质量的机制,为劳动就业市场提供高素质、高技能的人才建立起良好的通道。

参考文献

[1] 王德文，蔡昉，张国庆 . 农村迁移劳动力就业与工资决定：教育与培训的重要性 [J]. 经济学，2008，(3)：1131-1148.

[2] 李昕蕾，任向荣 . 东亚国际劳工移民的流动特征及其动力机制——基于政治经济学的分析向度 [J]. 东南亚纵横，2008，(11)：74-79.

[3] 张家忠，章春明 . 创新中缅边境外籍流动人口服务管理工作的路径分析——以德宏傣族景颇族自治州为例 [J]. 云南警官学院学报，2014，(1)：98-102.

[4] 曹晔 . 职业教育需面向现代化、面向世界、面向未来 [J]. 群言，2017，(12)：12-14.

[5] 丁丽军，赵莎莎，钱建中，等 . 新型农民职业教育培训需求现状分析——以江苏省盱眙县为例 [J]. 江苏农业科学，2012，40（7）：23-25.

[6] 朱珠，闫佳祺，贾建锋，等 . 城镇化进程中新生代农民工职业教育培训需求的影响因素研究——基于辽宁省调查数据的分析 [J]. 东北大学学报：社会科学版，2017，19（4）：371-377.

[7] 陈婧熙 . 广州市白云区新型职业农民教育培训问题研究 [D]. 广州：仲恺农业工程学院，2015.

[8] 张亮 . 我国新型农民培训模式研究 [D]. 保定：河北农业大学，2010.

[9] 陈竺，黄应堂 . 关于模块化教学的理论与实践探讨 [J]. 白求恩医学杂志，2014，12（4）：383-384.

[10] 秦达念 . 传统教学模式与系统整合模块教学模式分析 [J]. 医学教育探索，2005，4（4）：30-31，34.

[11] 刘震雄，窦维佳，赵曙光，等 . 当前医学教育中 PBL 教学法的应用浅析 [J]. 浙江临床医学，2016，18（5）：972-973.

[12] 张玉梅，刘桂花，汪恒，等 .CBL 教学法提高医学生创新能力的探索 [J]. 医学与哲学，2016，37（9A）：87-89.

[13] 周忠信，陈庆，林艺雄，等 .PBL 教学模式的研究进展和现实意义 [J]. 医学与哲学（人文社会医学版），2007，28（8）：72-74.

[14] 李政 . 职业教育 1+X 证书制度：背景、定位与试点策略——《国家职业教育改革实施方案》解读 [J]. 职教通讯，2019，502（3）：36-41.

[15] 张培，夏海鹰 . 职业教育 1+X 证书制度的逻辑特征与实施策略 [J]. 中国职业技术教育，2019，26（28）：122-123.

[16] 吴南中，夏海鹰 . 以资历框架推进职业教育 1+X 证书制度的系统构建 [J]. 中国职业技术教育，2019，16.

[17] 张娟 . 湖南省建筑行业农民工职业技能培训的问题与对策研究 [D]. 湖南师范大学，2012.

[18] 唐兰兰 . 信息化时代中技工院校以培养新型职业农民为重点 [J]. 电子测试（新电子），2016（14）：158-159.

[19] 刘杰 . 技工教育发展要坚持专业化·市场化·国际化 [J]. 山东人力资源和社会保障，2016（7）：16-19.

[20] 向丽丽 . 新生代农民工职业培训供给模式研究 [D]. 湖南师范大学，2017.

[21] 李斌 . 基于精准扶贫的“两后生”中期就业技能培训模式的研究与实践 [D]. 广西师范大学，2018.